华夏文库

经典解读系列

乱世的青史

——闲看《左传》

何昆 著

大地传媒 | 海燕出版社

“华夏文库”发凡

毫无疑问，每一个时代都有属于自己时代的精神追求、文化叩问与出版理想。我们不禁要问，在21世纪初叶，在全球文明交融的今天，在信息文明的发轫初期，作为一个中国出版人，我们正在或者将要追求什么？我们能够成就或奉献什么？我们以何种方式参与全球化时代的文化传播进程？在一连串的追问下，于是，有了这套“华夏文库”的出版。

自信才能交融。世界各大文明在坚守自身文化个性的同时，不约而同地加快了探视其他文化精神内涵的步伐，世界不同文明正在朝着了解、交流、碰撞、借鉴与融合的方向前进。在此背景下，建立自身的文化自信，正是与世界各文明民族进行文化交流的基本要求。五千年中华文明与文化正在不断地被其他文明所发现、所挖掘、所认知，汉语言正在生长为世界语言，儒文化正在世界各地生根发芽。借助这样一种正在成长着的文化自信、自觉、开放、亲和之力，用我们这个时代的学术眼光全面系统梳理中华五千年的文明与文化，向其他各大文明与文化圈正面展示自我，让中华优秀文化成为世界文化的重要组成部分，正是我们出版这套文库的目的之一。此其一。

知己才能知彼。身处五千年文化浸润的今天，重新思考我们先人的人生思考、价值思考与哲学思考，找到一个民族、一个国家的价值所在、立命所在、安身所在，这已经是我们这个时代的学人与出版人不得不再思考的问题。作为中华文明的一分子，我们在思考的同时，还必须了解我们的先人创造了如何优秀的精神文明与物质文明以及社会文明。只有熟知自己的文化，热爱自己的文化，悟明自己的文化，我们才能宣说自己、弘扬自己、光大自己。因此，我们策划组织这套“华夏文库”的初衷，还在于让当下的知识青年全面系统瞭望中华文明与文化的全景，并借此能够对更为深广的世界各民族文化提供一个比较认知的基础。此其二。

顺势才能有为。我们正处在农耕文明、工业文明、信息文明的交会处，信息文明带领我们从读纸时代进入读屏时代，以智能手机屏幕为代表的书籍呈现方式正在与纸质书籍争夺阅读时间与空间。我们正在领悟数字技术，正在以信息文明的视角，去整理、分析和研究农耕文明与工业文明的文化遗产，不仅仅是为了唤醒优秀的传统文化，我们还在生发和原创着当今时代的文化。由此，我们试图架起一座桥梁——由纸质呈现而数字呈现，由数字呈现而纸质呈现，以多媒介的书籍呈现方式，将文字、图像、声音与视频四者结合，共同筑成“华夏文库”，以奉献给信息文明时代的新读者。此其三。

总之，这是一套——专家大家名家写小书；以最小的阅读单元，原创撰写中华精神文化、物质文化与社会文明系列主题与专题；以图文、音视频多媒介呈现的方式，全面介绍与传播中华文明与优秀文化，系统普及与推介中华文明与文化知识；主旨是为了让世界与中国共同了解中国的——大型丛书，借此，复兴文化，唤起精神，融入世界。

耿相新

2013年6月27日

前 言

《左传》，亦称《春秋左氏传》、《左氏春秋》，与《春秋公羊传》、《春秋穀梁传》合称“春秋三传”。作为我国现存第一部叙事详尽的编年体史书，这样一部有分量的典籍，让人崇敬之余，不禁忐忑——这样的精深之作，难免艰涩吧？其实，平凡的你我不妨放松心情，就着一盏清茶，悠然读之。如同略带苦涩的茶味，不觉间涤荡了心尘、滋养了精神，那便是《左传》在文字背后温润人心的真意。

《左传》相传为战国时代鲁国人左丘明所作，虽然亦有学者怀疑，但缺少有力的记事佐证，故当代学者仍多认为《左传》是左丘明所作。关于《左传》的成书年代，历来也众说纷纭。2012年4月24日，在《浙江大学藏战国楚简》图书首发仪式上，一批有着两千三百多年历史的楚国竹简于杭州首次公开亮相。这批楚简与目前流传的《左传》内容基本一致，首次证实《左传》的成书时间至少是在战国时期，从而破解了千百年来关于《左传》的真伪之争，明确了其作为中国第一部叙事完整的编年体史书的历史地位。

《左传》记事起于鲁隐公元年，止于鲁悼公十四年，是鲁国的记事史书，但亦兼记各国史事。记事基本以《春秋》鲁十二公为次序，内容包括诸侯国之间的聘问、会盟、征伐、婚丧、篡弑等。它生动详细地记载了当时各国的重大事件和重要人物的行迹，同时对当时的典章制度、社会风俗、民族关系、道德观念、礼仪规范、古代文献、神话传说、歌谣言语、天文地理、历法时令均有记述和评论。其流畅优美的笔墨、尊礼崇霸的思想、委婉含蓄的言辞，使它不仅是一部不泯于乱世的青史，更是一部垂范后世的文学著作。前人已注意到《左传》在叙事上的独特魅力。刘知几在《史通·模拟》中说："盖左氏为书，叙事之最。"《春秋集传纂例》也说它"博采众家，叙事尤备，能令百代之下，颇见本末"。清人皮锡瑞亦在《五经通论》中称赞说："左氏叙事之工，文采之富，即以史论，亦当在司马迁、班固之上，不必依傍圣经，可以独有千古。"

《左传》作为儒家经典，已被研究了两千多年，如今我们不妨揭开它庄严的面纱，略去它的"微言大义"，忙里偷闲时，看看王侯将相的旧事、烽火佳人的情事、小人物的故事，阅读他人的悲喜、慨叹他人的成败、品评他人的得失。偶尔，掩卷而思，体会经典的另一种味道——平常而隽永。

那流逝的岁月似剪落的发，再也不会回到身边，却留下隐约的痕迹。那令人恋恋不舍的，或是金戈铁马湮没的欲说还休，或是千载风尘难掩的盈盈泪光，或是浮生众相沉默的悲喜参半。那些古老的故事，依然不动声色地触动我们的情思，让你我不由得为那些书中人、书中事感慨良多，这便是《左传》恒久的魅力吧。

目 录

一 九重三殿君王事

二 乱世之臣自枯荣

三 衣香鬓影女人心

四　人间悲喜众生相

一

九重三殿君王事

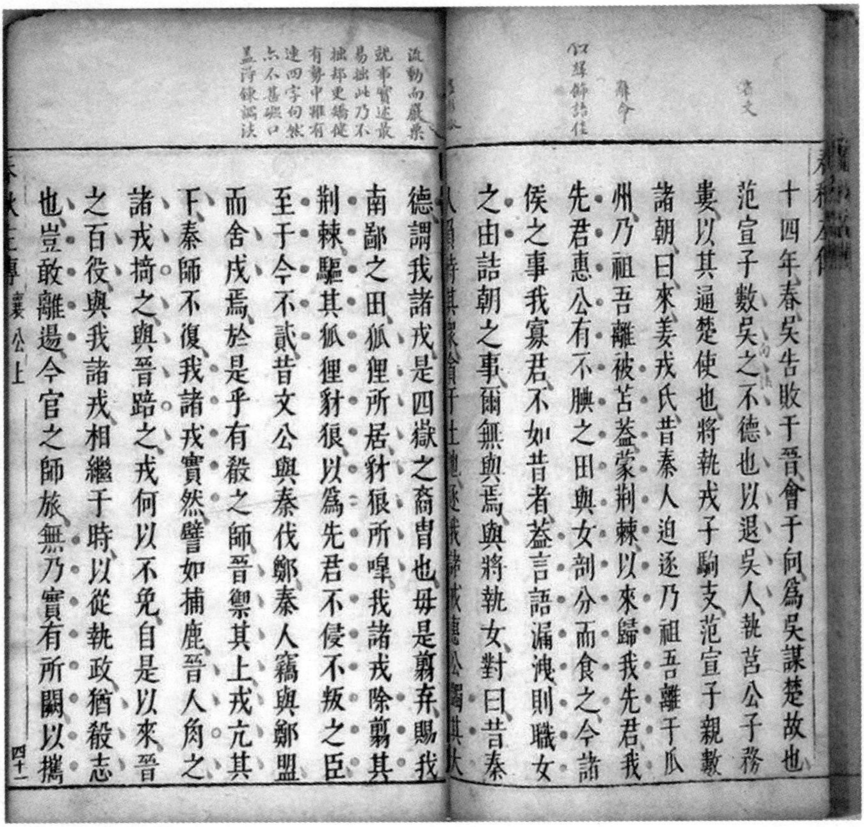

十四年春吳告敗于晉會于向爲吳謀楚故也范宣子數吳之不德也以退吳人執莒公子務婁以其通楚使也將執戎子駒支范宣子親數諸朝曰來姜戎氏昔秦人迫逐乃祖吾離于瓜州乃祖吾離被苫蓋蒙荆棘以來歸我先君我先君惠公有不腆之田與女剖分而食之今諸侯之事我寡君不如昔者蓋言語漏洩則職女之由詰朝之事爾無與焉與將執女對曰昔秦人負恃其衆貪于土地逐我諸戎惠公蠲其大德謂我諸戎是四嶽之裔胄也毋是翦弃賜我南鄙之田狐狸所居豺狼所嗥我諸戎除翦其荆棘驅其狐狸豺狼以爲先君不侵不叛之臣至于今不貳昔文公與秦伐鄭秦人竊與鄭盟而舍戍焉於是乎有殽之師晉禦其上戎亢其下秦師不復我諸戎實然譬如捕鹿晉人角之諸戎掎之與晉踣之戎何以不免自是以來晉之百役與我諸戎相繼于時以從執政猶殽志也豈敢離遏今官之師旅無乃實有所闕以攜

春秋左傳　襄公上　四十一

《左传》书影（据明万历朱墨套印本）

奠霸之君

郑庄公——苦苦等爱的孩子

在或是浅吟低唱、或是慷慨激昂的人生旋律中，我们不自觉地一面收藏、一面遗忘，匆匆然不停地弹奏出追逐的音符，甚至还来不及沉醉，那音律就已缥缈。然而，总有些音符悄悄地敲在心上，不曾刻意倾听，却萦绕于心。

这音符也许是母亲温柔的微笑，是爱人掌心的温度，是友人默契的眼神；也许是听到的第一首歌谣，记得的第一种颜色，所读的某本书中一个重要的人物。作为《左传》中第一个重要的国君——郑庄公，就是这样映入我们眼帘的。

读过《左传》，比他雄才伟略的国君有之，比他心机狠毒的国君有之，然而，无人能掩去他的风采与独特。再无人似郑庄公这般汇聚若干个“第一”于一身。郑庄公是《左传》浓墨重彩叙写的第一位历史人物；是春秋时期第一个起来抵御王师、维护国家利益的国君；《左传》中第一个曲折的政治斗争故事由“郑伯克段于鄢”开始；《左传》中的第一例倒叙出现于“隐公元年”，而这例倒叙叙写的正是郑伯与共叔段为何相战于鄢。在这个故事里，庄公又获得了一项“第一”的殊荣：欲擒故纵计的创始人。

郑庄公之父为郑武公（即掘突），其母为申侯之女武姜。郑武公十四年（前757），武姜生寤生，郑武公十七年（前754），又生少子共叔段。这件好事却因厚此薄彼生出了祸端。只因庄公降生时是难产，脚先出而头后出，这使姜氏受到惊吓，因此给庄公取了个难听的名字“寤生”。“寤”是什么意思呢？在古语中同“牾”，是逆的意思。古人常讲“逆天不祥”，可见武姜是很不喜欢他的。相比之下小儿子共叔段更得姜氏的喜爱，于是不想按照宗法立嫡长子寤生为太子，而想立小儿子共叔段为太子，多次向武公请求，武公不肯答应。

等到庄公继位为郑国国君，姜氏请求将地势险要的制地（今河南郑州西北）作为共叔段的封邑，庄公对母亲说：“制地是形势险峻的地方，虢叔曾经死在那里。要其他地方都可以听命照办。”于是姜氏就改要了京，当时的京不是现在北京、南京之类的地方，而是在今天的河南荥阳。共叔段住在那里，称为京城太叔。太叔在这里大修城邑，招兵买马，屯粮练兵。庄公的大夫祭仲就对庄公进言说：“凡属都城，城墙的长度超过三百丈，那就会给国家带来祸害。按照先王制定的制度：大的都城不得超过国都的三分之一，中等的不得超过五分之一，小的不超过九分之一。如今京城的城墙不合制度，违反了祖制，将来您一定会受害。”庄公很无奈地说：“姜氏要这样，我有什么办法避免祸害呢？”祭仲回答说：“姜氏怎么会得到满足？不如及早做好打算，不要让她滋生事端，一旦蔓延就难以对付了。蔓延的野草尚且不能铲除掉，何况是您受宠的弟弟呢？”庄公沉思半晌，回答说：“多行不义必自毙。咱们就等着瞧吧！”

不久，果然因为庄公一次次退让，使太叔篡国称君的野心日益增长，太叔命令西部和北部边境既要听庄公的命令，又要听自己的命令，这样太叔就能在郑国与郑庄公平起平坐了。郑国的大臣们自然很反对，公子吕就对庄公说："一个国家不能有两个国君，您究竟打算怎么办？您如果要把君位让给太叔，下臣就去侍奉他；如果不让，那就请除掉他，不要让老百姓生二心。"庄公却说："用不着，他会自食其果的。"接着太叔又把那两块地方划入自己的封邑，并扩展到廪延。公子吕又对庄公说："可以动手了，势力一大，恐怕人心就要归附他了。"庄公说："不接受君命，不友爱兄长，势力越大，瓦解倒台得越快。"在这种情况下，太叔开始修治城池，储备粮草，补充武器装备，准备袭击郑国首都，姜氏则打算作为内应打开城门。庄公得知太叔起兵的日期，说："可以了。"就命令公子吕率军进攻京城。京城的人反对太叔，太叔逃到鄢地，庄公也赶到鄢地。太叔只好逃亡到共国。姜氏也被逐出宫外，对母亲极度失望的庄公，向她发出了"不及黄泉，无相见也"的誓言。

这场起于偏执的母爱、终于同室操戈的政治斗争终于落下了帷幕。郑庄公就在这些"第一"中闪亮登场，跃入我们的视野。郑庄公拥有高明的政治手腕和卓越的政治眼光。他既屡屡退让，又步步为营；既崇礼尊王，又励精图治。这非凡的政治才能，使他在春秋初期的政治舞台上占尽了风光，也使他在历史上屡遭诟病。

有人将其视为工于心计、阴险奸诈、虚伪做作的小人，也有人称其为恪守孝道、大度真诚、富于智慧的奠霸之君。想起那首《故事里的事》的歌词："故事里的事，说是就是，不是也是。故事里的事，说不是就不是，是也不是。"我们不妨放下那些道德评判，忘记他是个国君，只记得这是个叫"寤生"的孩子，一个本应得到无限怜惜和疼爱的孩子。这个孩子，经历了磨难，来到母亲怀中，得到的不是母亲温柔的呵护，而是无端的厌恶和无尽的冷落。母亲的爱都给了那个原本应敬他爱他事实上却伤他怨他的弟弟。这个孩子看着、等着，忍着、痛着。逐弟放母，简简单单的四个字，铸就历史，冰冷无声，却是他心底不被人看见的伤。任何胜利都不能止住这份伤痛。于是，这个无助的孩子建了一座望母台。望母台上，夕阳的余晖掩去他眼中的忧伤，萧瑟的晚风抚慰他心中的思念，而那份痛依然深入骨髓。直到有一天，智者颍考叔给了他个“掘地及泉，隧而相见”的止痛药方。掘地见母，既可以不违背誓言，又可以见到日夜思念的母亲，这才化解了这个孩子左右为难的窘境。掘地见母的那一刻，这个孩子赋诗说：“大隧之中，其乐也融融！”母亲也赋诗说：“大隧其外，其乐也泄泄。”这个母亲是高兴的，而她的高兴是因为重获自由，还是因为重见这个她所厌恶的孩子？故事的结尾说“遂为母子如初”，看到这里心没来由地痛了一下，母子二人已从此冰释前嫌了吗？这个孩子从此以后会得到母亲慈爱的注视、肯定的赞许吗？这个孩子从此以后会得到他渴望许久的爱与支持吗？

千载之后的我们只能从典籍中看到郑庄公的韬略与心机，却已无从知道寤生是不是得到了他所期待的母爱；我们只能听到庄公那句“多行不义必自毙”的名言，却听不到寤生那无声的叹息。历史中的人生，故事中的是是非非，也许他要的也不过是平凡的幸福。

晋献公——权力魔镜中失职的父亲

晋献公的名气远不如老婆骊姬和儿子重耳的大，虽然他在“骊姬之乱”中表露出了昏聩，但也不应忽略了他在“假道伐虢”时展现出的智谋。

晋献公是晋国历史上最重要的国君之一，是位承前启后的关键性人物。他的一生对于晋国在春秋时代的整个命运起了决定性作用。晋献公在位期间，做了三件对晋国发展有重要影响的大事。首先兼并小国，扩大疆土，增强晋国实力；其次重用贤臣，消灭公族，稳固君权；最后听信骊姬谗言，杀申生，逐重耳、夷吾，立奚齐，致使其死后晋国陷入长期的混乱。前两件事为日后晋文公的称霸乃至春秋中期晋国的多次复霸都奠定了坚实的基础，至于最后一件事则使其辉煌的人生留下了不光彩的尾巴，也使他曾经相对完美的父亲形象大打折扣。

晋献公共有五个儿子。最初他从贾国娶了妻子，但没生儿子。后来和父亲的妾齐姜私通，生了秦穆夫人和太子申生。又娶了戎人的两个女子，大戎狐姬生了重耳，小戎女生了夷吾。在晋国攻打骊戎的时候，骊戎的国君把骊姬献给晋献公，这个令献公十分满意的“战利品”回国后生了奚齐，而她的妹妹生了卓子。除了两个幼子，另外三个儿子均是敬他爱他的听话的儿子。

特别是太子申生，不仅具备未来国君所应有的文治武功，而且在群臣和百姓中颇有声望。这样的继承人本应让身为其父的晋献公称心如意的，但这位国君曾为大权在握而理所当然地尽灭公族，血雨腥风的杀伐决断中清晰可见的是他对权力的依赖与迷恋。如今曾经的辉煌不再光芒万丈，而失去权力的恐惧却常常如影相随。于是，出身不怎么光彩却又才能出众的太子，便成了晋献公心中的隐痛。

他这些曲折的心事，外人或许不得而知，但怎能逃过被他宠爱的枕边人骊姬那双寻找机会的眼睛？骊姬，一个国破家亡而委身于杀父仇人的美艳女子，从可怜的战利品变成高贵的君夫人，所凭借的不过是丈夫的宠爱，更确切地说是尚大权在握的老国君的宠爱。经历过残酷政治斗争的洗礼，这个聪明的女子自然深知权力的重要，如果失去权力的庇护，她的命运、儿子的命运都将陷入风雨飘摇之中。在那个女人需要通过征服男人而征服世界的时代，骊姬不得不施展浑身解数来争取她所觊觎的权柄，甚至不惜采用卑鄙的手段，为了给儿子奚齐清除通往权力之路的障碍，骊姬开始对太子申生痛下杀手。

僖公四年的一天，对于大多数人来说是跟往常一样平常的一天，但这一天对骊姬而言是不同的，她将为奚齐拥有权柄进行关键性的一役，这一天以后，她将沦为蛇蝎美人，成为晋国的罪人。太子来了，一如既往地恭敬有礼。骊姬镇静地将一切情绪掩藏在温和的笑容中，对太子说："国君梦见你的母亲齐姜了，你一定要赶快去祭祀她啊。"温厚的太子怎知是计，领命而去。在曲沃祭祀了母亲，把祭祀的酒肉带回来恭顺地献给献公。刚好献公打猎去了，骊姬便把酒肉在宫里放了六天。

这六天似乎无限漫长，献公终于回来了。骊姬在酒肉里放了毒药，然后献上去。献公一边听着骊姬轻声细语的慰问，一边准备享用酒肉，骊姬适时地建议道："还是先试一下是否有毒吧！"献公笑笑，便用酒祭地，哪知酒溅之处，地皮竟隆起了。惊讶之下，又把肉喂给狗吃，狗竟死了。大怒之下，又拿给宦官吃，可怜的宦官也倒下了。骊姬在一旁哭得梨花带雨，哽咽着说："这是太子阴谋陷害您啊！"献公震怒，命人缉拿太子。

无辜的太子逃亡到新城。献公杀了他的师傅杜原款泄恨。有人对太子说："您上书辩解，国君一定会分清是非的。"太子长叹一声说："父王如果没有了骊姬，将会寝食难安的。我如果申辩，骊姬必定获罪。父王老了，我怎么忍心令他再难过呢。"手下人问他："那么您准备逃走吗？"太子苦笑着说："父王还没有查清我的罪过，带着弑君的恶名出逃，有谁会接纳我？"十二月的一天，太子申生在新城自缢身亡。为了让老父不失其所爱，可以申辩而选择沉默，可以逃走而选择死亡，申生用自己的生命诠释了何谓"孝道”，他对父亲的那份爱让人感动，也让人心酸。

骊姬知道了太子的死讯，怔怔地出了会儿神，沉静如水的她美丽动人，没有人知道她心底的情绪，只知道温柔的骊姬来到献公身边，似在安慰其失子之痛，并体贴地提醒献公说：“重耳和夷吾两位公子与太子亲厚，太子下毒的事他们可能都参与了。”献公的隐痛再一次被触动，对失去权力的恐惧，本已因申生的死而被冲淡，但骊姬看似漫不经心的话语又使那份恐惧复苏了。就这样，公子重耳和夷吾也受骊姬诬陷而遭遇追杀，不得不流亡国外。

几年后，献公病逝，临终前将奚齐定为继承人，并嘱托荀息好好辅政。事情似乎都按照骊姬的愿望在发展。然而，天意难料，命运弄人，没料到大臣里克及其同僚并不承认奚齐政权的合法性，奚齐、卓子先后被杀。骊姬机关算尽，最终却功败垂成。爱子被杀，自己也赔上了性命，真是“机关算尽太聪明，反误了卿卿性命”。骊姬所引起的这场持续多年的政乱，直到重耳在秦国的帮助下回国主政，才终告收场，晋国重又进入了相对稳定的时期。

在这场争权夺利的斗争中，没有赢家，所有人都付出了惨痛的代价。献公伤害了他所有的儿子，年长的儿子被其视为君王宝座的觊觎者，不是付出了生命，就是亡命天涯；年幼的儿子奚齐和卓子，被其或直接或间接地推至危险境地，无辜地送掉了性命。权力的魔镜带给他无上荣光，也使他沦为一个失职、可悲的父亲。

称霸之君

齐桓公——繁华落尽是凄凉

说起春秋时代的霸主，齐桓公是不得不提的人物，他是那个时代顶级的风云人物。桓公为齐国第十五位国君，吕氏，姓姜名小白。此君出身不凡，是姜太公吕尚的第十二代孙；此君一生轰轰烈烈，选贤任能，改革齐政，成为历史上第一个充当盟主的诸侯，“九合诸侯，一匡天下”，是春秋五霸之首；此君死得凄凉，晚年昏庸，任用易牙、竖刁等佞臣，最终在内乱中饿死。

管仲是辅佐齐桓公成就霸业的关键人物，两人间的关系堪称君臣际合的典范，但此二人也曾有一段颇为纠结的恩怨。话说当年，齐僖公有三个儿子，长子名诸儿（即齐襄公），被立为太子；次子名纠，任命大夫召忽、管仲为其师傅；三子名小白（即齐桓公），鲍叔牙被任为其师傅。鲍叔牙和管仲都是有识之士，特别是管仲有经天纬地之才、济世匡时之略。可是管仲最初辅佐的是后来与桓公争夺君王宝座的公子纠，齐桓公和管仲并不属于同一政治利益集团之内的，两人倒也各行其是，相安无事。

齐襄公即位后，政令没有一定准则，使人不知所措。鲍叔牙预言说："国君放纵，百姓懈怠，祸乱将要发生了。"就侍奉公子小白逃亡到了莒国。之后，管仲、召忽也侍奉公子纠逃亡到鲁国。后来，齐襄公被杀，齐国陷入混乱之中，流亡在外的公子纠和公子小白都想回国争齐国国君之位。管仲在鲁庄公的帮助下，想把公子纠送回齐国。途中与公子小白一方相遇，管仲一箭射中小白身上的衣带钩，小白趁势诈死，骗过了管仲，抢先回到了齐国，成为齐国国君。至此，管仲与齐桓公便结下了一箭之仇。

经过了这场成王败寇的争夺战后，公子小白成了齐桓公，鲍叔牙成为首功之臣；公子纠和管仲则沦为阶下囚。对于有可能卷土重来威胁到自己国君宝位的公子纠，齐桓公只能痛下杀手以绝后患。桓公派鲍叔牙到帮助公子纠夺位的鲁国处理善后事宜，鲍叔牙带领军队到鲁国致辞说："公子纠是我们国君的亲人，我君不忍心下手，就请贵国国君诛杀他吧。管仲和召忽，是我们国君的仇人，请你们交给我们带回去，让国君亲自处置才甘心啊。"于是，晚一步回国的公子纠就这样在鲁国送掉了性命。忠于主人的召忽自杀明志。命运有时就是如此残酷，一招错，满盘皆输，生死存亡就在一线之间。

相对于公子纠的不幸，命运对管仲却似颇为眷顾，他不但活了下来，后来还得到齐桓公的重用，成为宰相，辅佐桓公成就霸业而名垂青史。其实与其说是命运眷顾，不如说是有至交之助和得遇明君之幸。鲍叔牙自青年时即与管仲相交，深知管仲有非凡的治世才能，虽然两人曾一度各为其主，但鲍叔牙始终如一地尊重、信任管仲，后世故有"管鲍之交"的典故。当时管仲请求把他押送回齐国，鲍叔牙接受了请求，将他捆绑押回，但到了齐地就放开了他。

回国后，鲍叔牙向齐桓公禀告说："管仲治国的才能比高傒都强，可以让他辅助君主您。"这小白虽做了国君，成为一个不平凡的人了，但终归还是个“人”，不是“神”。姑且不说管仲曾经辅佐公子纠，是他的政敌；仅是管仲那欲置其于死地的一箭，至今令他心有余悸、恨意难消呢！对身兼政敌加仇敌的管仲，不杀之不足以解其恨，怎谈得上重用呢？然而，这个遇难成祥的小白，这个注定要成就辉煌的齐桓公自有他的不同凡响之处，平息了凡夫俗子的怒气，冷静下来的小白恢复了他深谋远虑的明君本色。他深知自己虽然已登上君主宝座，但前景并不容乐观，现在的齐国政局初定，百废待兴，正是危难之际、用人之时。此时急需忠臣良相的辅佐，鲍叔牙力荐管仲，让桓公震怒之余不得不慎重权衡，鲍叔牙是自己的心腹重臣，又是管仲的知己好友，管仲定是有经世之才，否则鲍叔牙不会如此推崇、信任他。而反思这一箭之仇，倒也可见管仲不仅是个有谋略的属下，还是个忠于主上的属下，如能为己所用，当自会有一番大作为的。思及此，桓公改变了诛杀管仲的初衷，决定对管仲委以重任。于是，齐桓公听从了鲍叔牙的意见，亲自迎接管仲，并厚礼相待，任为宰相，尊称为“仲父”。此后，对管仲言听计从，专任不疑，常嘱左右：“国家大政，先禀仲父；有所裁决，任凭仲父。”简短的言辞中，可见齐桓公对管仲极度信任，这正是齐桓公用人不疑的最鲜明的表现。管仲也不负重托，对内政、经济、军事都进行了有效的改革，使齐国很快富强起来，最终助桓公成为春秋五霸之首。

管仲是个出色的政治家，遗憾的是他后继无人，也没有教会齐桓公如何识人。在管仲死后，齐桓公又起用佞臣易牙、竖刁等。这些佞臣是管仲反对桓公亲近的，而固执的齐桓公犯下的错最终使他落得晚景凄凉。公元前643年，齐桓公病重，佞臣乘机作乱，桓公被断食饿死。随即内乱发生，诸子争位，齐国由此衰落，失去了霸主地位。

齐桓公用人不疑的性格助他成就霸业，却也为他的人生留下了隐患。性格之所以决定命运，或许是因为性格的因素不知不觉地渗透于行为的各个方面，从而影响到自己的人生。但性格本身难以好坏区分，即便是同一个人的同一种性格因素，也可能因时、因地、因人的不同而造成不同的际遇。也许我们要做的只是合时宜地发挥出性格中有优势的一面，尽力做最好的自己，寻求最适合自己的幸福。

晋文公——宝剑锋从磨砺出

春秋时期是一个战乱频仍、群雄逐鹿的年代，周王室的权威日渐衰微，各国诸侯纷纷来夺取中原霸主地位。晋文公，春秋中前期晋国国君，晋献公之子，姬姓，名重耳，在位时间仅八年，却在这种竞争激烈的环境中力克群雄，脱颖而出，成为叱咤风云的一代中原霸主。作为春秋时代第一强国的缔造者，晋文公开创了晋国长达一个多世纪的中原霸权。

在重耳成为晋文公之前，曾因著名的“骊姬之乱”，被迫流亡列国达十九年之久。这段漫长的流亡生活，为日后晋文公成为威震四方的春秋五霸之一奠定了基础。正所谓“天将降大任于斯人也，必先苦其心志，劳其筋骨”，正是这种特殊的经历使重耳逐渐成长为一代霸主。一个养尊处优的贵公子，被迫流亡他国，纵使有忠心耿耿的智囊团紧随左右，有若干位才貌兼具的红颜知己温柔相伴，多年流亡岁月依然让他尽尝人生百味，其间或受礼遇或遭冷遇，或得到真心相助或被借机敲诈，颠沛流离的生活使他的政治阅历日益丰富，也使他对当时政局的了解日益透彻，更使他有机会接触到劳动人民，深入到他们的生活中，了解他们的疾苦。在这段人生旅程中，我们看到一个骄纵的贵公子在忠臣贤妻的辅助下，逐渐成为一位听谏言、善用人、有才干的有为之君。

“骊姬之乱”后，重耳一行逃亡到狄国。狄国对他及跟随他的大臣礼遇有加，重耳娶了狄人送的女子，还生下两个孩子。在狄住了十二年后，重耳打算去齐国，途经卫国，卫文公对他没有以礼相待。卫文公的态度，让没受过冷遇的重耳很难接受。憋着一肚子火的重耳经过五鹿时，因饥饿向一个乡下人索讨食物，乡下人却给他一块泥土。这一举动让重耳大怒，想举鞭打那个人。随臣狐偃赶紧制止说：“这是上天赐予我们土地啊！”重耳放下鞭子，若有所思，这土块难道象征着复国的希望？这粗鲁之人难道竟是赐予他人生希望的贵人？思及此便恭敬地叩头接受，把那块泥土郑重地装上车子。

随后重耳到了齐国，受到齐桓公的盛情相待。桓公送了八十匹马给重耳，还给他娶了一个贤惠的妻子。这种富足而平静的生活，让重耳很满足，甚至几乎忘了自己是个流亡的公子，还有未竟的事业要完成。安于齐国生活的重耳，让他的随臣们很不安，在他们的眼中重耳是个注定要成就一番伟业的人，重耳人生的辉煌就是他们人生的辉煌，于是大臣们在桑树下偷偷商量，准备劝重耳离开这个“温柔乡”。几个在树下密谈大事的臣子，怎么也想不到树也会长“耳朵”，养蚕的女奴正好在树上听到了一切，于是女奴就把这事告诉了重耳的妻子姜氏。

姜氏是个深得重耳喜爱的女子，初听到这个消息，她心中波澜起伏，那些臣子是在抢走她的丈夫啊，怎么可以这样伤害无辜的她、粉碎她刚刚得到的幸福呢？然而，那个她称之为“夫君”的男人何曾真的属于她一个人？他是个注定要成就大事的人，也正因如此，他们才有缘相遇的啊。那个疼她爱她的男人如果只是个平凡人多好，那么或许他们就可以幸福地厮守到老了。只是生活中没有

"如果"，她只能冷静理智地面对现实。冷静下来的姜氏为了保护重耳，首先将那个忠于她的无辜女奴杀掉灭口，然后趁无人之时平静地告诉重耳说："我知道您有远大的志向，那个听到的人，我已经把她杀了，您可以去实现您的心愿了。"重耳已经得知了大臣们的打算，但他并不认同，此时在重耳心中没有什么政治前途、国家大事，他只希望和眼前的这个女子朝夕相伴。重耳轻抚着姜氏的秀发淡淡地说："没有这回事。"心中无限酸楚的姜氏说："走吧！留恋妻子和贪图安逸，会败坏一个人的名声的，您是个有远大前途的人啊！"重耳只是轻笑着摇了摇头，拥紧怀中的人。那一刻，姜氏知道了重耳心中有她，也知道了自己该怎么做。她找到狐偃，那个忠于重耳的有识之士，有那么一瞬间，姜氏希望眼前这个人能消失不见，那样她就可以和重耳相守一起了。可这些狐偃是看不出来的，在狐偃眼中姜氏是一个深明大义的美丽女子，两人暗暗地商量出让重耳"走回正途"的办法。那一夜，温柔的姜氏灌醉了重耳，然后眼睁睁地看着醉中犹带笑意的重耳，被狐偃等几个亲信随臣带离了自己的世界。重耳在车马颠簸中渐渐醒来，眼前没有口中呼唤的丽人，只有狐偃无奈而歉疚的脸，重耳心中一紧，顺势拿起旁边的长戈，狐偃见势不妙，起身跑开，重耳执戈相追，口中不住喊着："为什么？为什么？为什么一定要这样？你们……"

此后的岁月里，重耳又辗转到过曹、宋、郑、楚、秦几国寻求复国之助，这期间有真心相待者，亦有敷衍了事者。经历种种坎坷的重耳被历练得更加睿智而沉稳，谈吐之间更见王者气势。重耳在楚国时，与楚成王那貌似平静无波、实则波涛汹涌的较量，便可见出重耳的王者风范。楚成王设宴会招待重耳时说："公子如果回到晋国，用什么报答我？"重耳机智地回答说："男女奴隶、宝玉、丝绸这些君王已经拥有了，鸟羽、皮毛、象牙、犀革这些贵重之物，都是君王土地上出产的。那些流入晋国的，已经是君王多余的东西了，我实在想不到还有什么能用来报答君王您。”楚成王听后一愣，没想到重耳会这样婉转地拒绝了他的“勒索”，不甘心地追问道：“虽说如此，你究竟用什么来报答我呢？”重耳不卑不亢地回答说：“若以君之灵，得反晋国，晋楚治兵，遇于中原，其辟君三舍。”这便是“退避三舍”一典的来历。面对楚成王惊愕的脸，重耳继续说：“如果还得不到君王的谅解，那就左手拿着鞭和弓，右边佩着弓袋箭袋，与君王您一决高下，以报今日之恩！”此言一出让楚成王对重耳刮目相看，这重耳不但有忠心耿耿、能力超群的随臣辅助，而且他自身既态度谦和、文辞华美，又举止得体、志向远大，是振兴晋国的不二人选。因此楚成王不仅没有杀掉这个敢于忤逆他的流亡公子，反而派人护送重耳去秦国。重耳最终在秦国的帮助下回国，完成了从落魄公子到一代君王的华丽转身，成为春秋五霸之一——晋文公。重耳与楚成王这一段精彩的对话，在《左传·僖公二十三年》中描写得淋漓尽致。

人生有时就是这样，苦难犹如化了妆的幸福，如果你被苦难战胜，苦难便是你人生的枷锁；如果苦难被你战胜，苦难便是你人生的财富。正是这些当时被视为苦难的经历，将晋文公磨砺成一柄“宝剑”，一柄一出鞘便光芒四射的“宝剑”。

楚庄王——一鸣惊人的“阿斗”

楚庄王，名旅，楚穆王之子，是春秋时期楚国最有作为、最有成就的君王，亦是春秋五霸之一。与其他春秋霸主相比，楚庄王的霸主之名意义更为深远，不仅是在春秋五霸当中，楚国的地域最大、人口最多、物产最丰，更重要的是一直被排除在中原文化之外的楚国，终于被纳入到华夏一统的视域当中，为中华民族精神的形成起到了不可忽视的作用。

楚庄王在位的二十三年，其间为人有道、为政有方，可圈可点的事不少，但最重要的事例概括起来总和争战相关，这就叫“霸主特色”吧。楚庄王的人生大事主要有：克灭内乱，幸免于难；克灭小国，安定边疆；征伐郑、陈、宋，耀武扬威；邲之战大败晋国，威震列国。这样辉煌的战绩，让人联想到的自然是一个威风凛凛的英豪，谁会想到他也曾是个沉溺酒色、昏庸无能的“阿斗”呢？

这个楚庄王登位三年，不发布号令，不处理政事，终日郊游围猎，沉湎声色，还特别下了个“请勿打扰”的通知：有敢劝谏者，杀无赦！急得一班朝臣团团转之余，不禁暗叹英明神武的先君，怎么会生下个只会吃喝玩乐的儿子呢！那个时候的楚国大臣还不知道三国时代的阿斗——代指没有大志、不思振作的一类人，如果知道，一定要叫庄王“阿斗”了。天天看着这“阿斗”不务正业，心中无限焦虑的右司马，竟急中生智想出了个巧妙的法子。在陪楚庄王欣赏歌舞时说：“臣下最近听到一个谜语，可怎么也猜不着，请您帮我猜猜吧。”庄王一听说是要猜谜语，而不是给自己念“君王守则”，便开心地说：“说来听听吧！”右司马赶紧不失时机地说出谜面：“有只鸟栖息在南边的土山上，三年来既不飞也不鸣，这是什么鸟啊？”庄王一听，这不是在说我吗？你这是曲线救国啊，我不让你们进谏，你就来让我猜谜语啊，方法还挺灵活，那我也得让你知道我不是真“阿斗”啊，便回答道：“我猜这鸟一定非同寻常，三年不飞，一飞必将冲天；三年不鸣，一鸣必将惊人！”右司马一听这个最佳答案，不由得心花怒放、喜笑颜开，还真是“虎父无犬子”，我们的君王原来是在韬光养晦啊，楚国的未来还是充满光明的啊！

这段载于《韩非子》的轶事让我们看到了一个不一样的楚庄

王，一个表面似阿斗，其实却是胸中自有天地的深谋远虑之人。果然，这非凡之鸟具有“一鸣惊人”的本事，后来的种种作为真的是令人刮目相看。庄王重用贤臣、整肃内政、平定边疆、北上图霸，日益显现出霸主气势。观兵周疆、问鼎轻重，标志着楚国已进入空前强盛的时代。

公元前606年，楚庄王攻打陆浑戎人，打到了洛水边上，早有图霸之心的庄王想，都到了天子眼皮子底下了，得让他见识一下我楚国的威武之师啊！便在周王的疆界内搞了个大阅兵。这是陈兵示威啊，周定王想装看不见，但心里还一直惦记着，就派王孙满前去慰问，也好弄清楚这个楚庄王究竟意欲何为。

楚庄王知道这是周天子派来一探虚实的，来得正好，我也想让你这个天子知道知道我的实力，顺便和这个文化人探讨一下学术问题，便向王孙满问起九鼎的大小和轻重。王孙满一听心内暗惊，这个楚庄王不但野心勃勃，而且昭然若揭。别人想称霸，还打着“尊王攘夷”一类的旗帜，而楚庄王却连掩饰都懒得做，傲慢之中自有一股锐不可当的气势，此人果真是不同凡响，亦不得不防。于是王孙满便委婉而义正词严地回答道：“您这么关注鼎的大小轻重，可能您还不知道，鼎的大小轻重在于君王的德行而并不在于鼎的本身。如果您愿闻其详，就让我给您好好讲讲吧！从前当夏朝在普天之下推行德政的时候，远方的人把当地的各种东西都绘制成图，献给朝廷。九州的长官也贡献了青铜，夏王用这些青铜铸造了九座鼎，并把各种东西的图像铸在鼎上，使各种事物都得以备载，这样就可以让人民了解神道与邪恶的东西。因此人民进入川泽山林，就不会遇到有危害的东西。魑魅魍魉，这类鬼怪也不会遇到，因而能上下同心协力、相处和睦，领受上天赐予的福分。但到了夏桀统治的时候，他的德行昏聩惑乱，九鼎因此迁到了商朝，在商朝经历了六百年之久。到了商纣王时，因其暴虐无道，九鼎又移到了周朝。这就是君王的德行与鼎的关系。如果德行美好光明，鼎虽小，分量很重；如果德行奸邪昏乱，鼎虽大，分量很轻。上天即使赐福给有德之君，也是有限度的。成王把九鼎安置在郏鄏，占卜的预言说可传三十代，享国七百年，这是上天的旨意。如今周朝的德行虽然衰弱了，但天命并没有改变，鼎的轻重，现在还是不可以询问的。”

王孙满的这番科普知识，说得不疾不徐，楚庄王听得一清二楚，竟有些似曾相识的感觉，这和当年右司马让他猜谜语的手法不是如出一辙吗？都是在用暗示的手法试探他的真实心意。当年的他不是“阿斗”，现在自然更不是了，此时此地只适合故弄玄虚地虚张声势，并不适合真刀真枪地大动干戈。把握时机的前提是审时度势，这一点是楚庄王深知并践行的。简而言之，现在还不是称霸的最佳时机。

公元前597年，晋楚邲之战，楚军大败晋军，打破了晋军不可战胜的神话，宣告着楚庄王霸业的功成名就。楚庄王终于彻底挥别了“阿斗”之名，以其雄才大略光耀祖宗、显达后世，也实现了当年那“一鸣惊人”的承诺，成为名载史册、千古传颂的一代霸主。

越王勾践——卧薪尝胆的“狠人”

越王勾践，春秋末期越国的君主，越王允常之子，传说是大禹的后裔。因战败于吴，而臣事吴王，得赦归国后忍辱负重，励精图治，终大败吴师，成为春秋时期最后一个霸主。勾践“卧薪尝胆”的事迹，一直被当作经典的励志故事而广为传颂，勾践也就成了一个不得不说的人物。

如果用一个词来形容这位英雄，那可以称其为“狠人”。狠人，还算是个新词，是指遇到困难时不退缩、该出手时不手软的果敢之人。狠人不仅对别人狠，而且对自己更狠、更不留情。勾践便是这样的狠人，只是在我们用崇敬的眼光仰视他时，忽略了、美化了他身上的狠劲。

早在他继位之初，就已显现了他的狠人气质。彼时吴王阖闾打败楚国，成了南方霸主。吴王阖闾想趁越国刚办完丧事，新王根基未稳，讨个便宜，就发兵攻打越国。吴王阖闾满以为此战定是马到功成的，没想到不仅打了个败仗，自己还中箭受伤，又惊又气的阖闾回到吴国不久就壮志未酬身先死了。要说也不怪一代霸主阖闾生气，这勾践出奇制胜的招式实在有些太狠了。勾践派死士向吴军挑战，这些勇士们排着整齐的队列逼近吴军阵地，一边大声喊着“越国万岁”一类的口号，一边纷纷举剑自刎。吴军纵使身经百战，此时也看得目瞪口呆，这是什么行为艺术啊？越军趁着吴军发呆的时候，吹响了冲锋的号角，发起了猛攻，雄才大略的阖闾就这么被打败了。败得有点懊恼、有点憋屈，但谁叫你阖闾没有人家的狠劲呢？勾践对别人已经算够狠了，但和他对自己的狠劲比起来，这种短时的肉体上的痛苦已经不算什么了，他让自己经受的是长期的肉体与精神的双重磨砺。

公元前494年，吴王夫差在夫椒打败越军，替他的父亲阖闾报了仇。接着，吴军就乘势攻打越国，这支复仇大军来势汹汹，把越王勾践打得甚是狼狈，最后只好带着五千披甲持盾的士兵踞守在会稽山上。这一次勾践没有什么对付别人的狠招了，只好派大夫文种通过吴太宰嚭向吴国求和。吴王夫差和他的老爹一样，欠缺勾践的那种狠劲，想着父仇已报，就打算答应越国的请求。

夫差手下的重要谋臣伍员一听就急了，伍员是何等人物，深知此等放虎归山的行为无异于自寻死路，赶紧阻止道：“这可绝对不行啊。臣听说树立德行最好能不断增长，铲除邪恶最好干净彻底。如果与越国讲和而使它有壮大的机会，对吴国来说不是灾难吗？勾践能够亲近贤人并施以恩惠，对有功劳的人从不抛弃而是更加亲近。越国和我国土地相连，而又世世代代与我为敌。在这种情况下，如果我们战胜越国而不灭亡它，这是违背天意而助长仇敌，以后即使后悔，也无法补救了。”吴王夫差正陶醉在胜利的喜悦中，把伍员的深谋远虑当成了危言耸听，因而置之不理。伍员退下去后告诉别人说：“越十年生聚，而十年教训，二十年之外，吴其为沼乎！”

越国和吴国最终讲和了。夫差又给了勾践一次展现其狠人气质的机会，只是这一次是对自己使狠了。勾践请和的代价是自己给夫差做臣子，自己的妻子给夫差做侍女。身为一国之君却亲自给敌国国君做跟班，身为丈夫却要自己的妻子侍候仇人，这样的奇耻大辱是常人不堪忍受的，而狠人勾践却服服帖帖地完成了各项工作任务，以至于吴王夫差满意地赦免了他，并将他放回越国。

回到越国的勾践继续跟自己耍狠。为了让自己不忘会稽之耻，想了个励志的办法——把个苦胆整天挂在视野范围内，坐卧仰头时尝尝苦胆，吃饭时也尝尝苦胆。狠人就是狠人，对自己也不手下留情，让自己从精神到肉体一起痛苦地清醒着。当初夫差为了不忘杀父之仇，不过是派个人站在院子里，让他看到自己经过时就喊：“夫差，你忘记越王杀了你的父亲吗？”这样喊了三年，夫差打败越国报了父仇。都说杀父之仇不共戴天，但显然夫差的仇恨远不及勾践的刻骨铭心。为了报仇雪恨，勾践放下国君的身段，自己亲自耕作，夫人亲手织布；从不吃荤菜，从不穿华丽的衣服；对贤人彬彬有礼，待宾客热情诚恳；救济穷人，悼慰死者，和百姓共同劳作、同甘共苦。

需要特别强调的是，这些事情勾践可不是作秀式地干个一年两年，这个“狠人”可是苦心经营了二十二年。公元前473年，越军大破吴国，吴王夫差被围困在吴都西面的姑苏山上，夫差称王称霸地活了这么些年，他可是个会享受美好生活的人，是吃不了勾践吃的那种苦的，最重要的是他哪还有颜面苟延残喘地活着啊。早在二十几年前，伍员就警示过他，此后不断地告诫他要防范越王这个心头大患，可是他不但不听劝诫，还派人赐给伍员一把属镂宝剑让他自杀。伍员临死的时候还在给他做心理建设呢，说：“在我的坟墓上种上槚树，槚树成材的时候，吴国大概就要灭亡了！三年以后，吴国就要开始衰弱了。骄傲自满必然失败，这是自然的道理啊。您好自为之吧！”现在夫差终于知道伍员的话字字珠玑、句句真理了，自己该如何去面对死去的伍员和他坟上的那棵树啊！夫差万念俱灰地说：“我老了，哪里还能侍奉君王啊？”然后就上吊死了，越国人把他的尸体送了回去，越国就这样灭亡了吴国。

经过“十年生聚，十年教训”，越王勾践终于雪耻灭吴，成就了自己的霸业。辅助勾践灭吴的两位良臣——范蠡和文种，此时已处于“狡兔死，走狗烹”的境地。睿智的范蠡功成身退，远走他乡；称病不朝的文种，被勾践赐剑一把，自杀身亡。所赐之剑，就是当年夫差赐给伍员的那一把。

被逐之君

卫献公——因歌被逐的国君

卫献公，姬姓，名衎。卫国第二十四代国君，为卫定公之子，卫殇公之兄，卫襄公之父。公元前559年，因对权臣礼遇未加而被驱逐，逃亡至齐国。公元前547年，重新回到卫国为国君。

身为一国之君，竟因一首歌被逐出国门，想来个中因由多半是君无道、臣无德。简单地说，就是卫献公和权臣的思想品德表现得都不够良好，否则怎会因一首歌而发生政变呢？

就来看看这因一首歌而引发的动乱吧。

这一日，心血来潮的卫献公约请孙文子、宁惠子两位朝中大员吃饭。两个人虽然宁愿在家吃些粗茶淡饭，也不想和这个贪虐无道的国君一起享受丰盛的国宴，但作为人臣总不能扫了国君的面子啊。于是两人都穿上朝服等在朝廷上，准备盛装参加国宴。

要知道参加国宴是很有讲究的，不仅场面隆重，而且礼仪严格。两个衣着得体、举止恭敬的大臣等啊等，等到太阳都快下山了，也不见卫献公派人来请他们去吃饭。饥肠辘辘的两个人心里很纳闷儿，想着平时不见国君这样日理万机啊，怎么偏偏今天就这么勤奋呢？难道发生了什么要紧的大事吗？还是问问吧，不问还好，一问把两人气坏了，原来国君一直忙着在林子里射鸿雁呢。生气归生气，但又不能拂袖就走，两个人只好赶往园林。

到了林子里，终于看见了献公，他还是一身劲装，两人心想再等等吧，怎么也要等他摘了那顶皮帽啊。依礼，臣子朝服见君，君不得戴皮冠。可是令两人没想到的是，这一次献公没让他们久等，献公根本就没取下皮帽就过来跟他们说话了。两个人只看着献公的嘴在那儿一张一合地说着话，但什么都没有听到，真是太令人愤怒了，让人苦等一天不但没有丝毫愧疚，还如此无礼、如此轻慢，眼前这个毫无礼仪风范的人难道就是自己忠心耿耿效命的一国之君吗？

孙文子一气之下去了自己的采邑戚地，他的儿子孙蒯入朝请命。

卫献公招待孙蒯喝酒，这一次倒是有酒有肉，还有歌有舞。听着、喝着，卫献公忽然点起唱来，命太师唱《巧言》的最后一章。太师一听心中暗惊，这《巧言》是《诗·小雅》中的一篇，其末章为：彼何人斯，居河之麋。无拳无勇，职为乱阶。这首歌在此时此地咏唱岂不是影射孙文子要作乱吗？

太师心想这个卫君恐怕是喝多了，头脑不灵光，我可不能陪着他疯啊，也不管献公高不高兴就赶紧找了个借口推辞。还没等卫献公不高兴，乐工师曹便主动请缨由他来唱这一章。难道这个师曹看不出个中玄机？或者这个师曹品格高尚愿为他人分忧解难？似乎都不太可能，最大的可能就是这个师曹别有居心。

暴虐的卫献公已经忘记自己当年的所作所为，可是师曹却无法忘记献公带给自己的伤害和屈辱。

当初，卫献公有个宠妾，貌美如花却才艺欠佳，献公便派师曹教她弹琴，宠妾学得不认真，总是弹不好。师曹苦口婆心的教导总被当作耳边风，师曹看不惯这个自恃得宠就不把别人放在眼中的女子。一次宠妾又不认真弹奏，生气的师曹鞭打了她。挨了打的宠妾哭诉着向献公告状，卫献公龙颜大怒，全然不顾当初是自己说要师曹对宠妾严加管教的，下令鞭打师曹三百下。

这三百鞭打破了师曹的皮肉，也打破了师曹的尊严，身体的痛楚和心灵的屈辱，激发出了师曹内心深切的恨意。师曹暗暗发誓迟早要找个机会来报这三百鞭之耻。这就是师曹请求唱《巧言》的原因，他想利用唱这章诗的机会，来激怒孙蒯，以此来报复卫献公。

卫献公命令师曹歌唱，师曹便高声地朗诵起来，抑扬顿挫的音调中蕴藏着复仇的畅快与欣慰。卫献公随着节奏晃着头，自作聪明地以为此举可以彰显君威，震慑孙文子，全然不觉自己的肆意妄为正在一步一步把自己推向危险的境地。

孙蒯听了此歌心中害怕，回去后把去见卫献公前前后后的情况详细地报告给孙文子。孙文子蹙眉沉声说道："国君忌恨我了，如果不先下手，必将死在他的手中。"于是孙文子把所有家人送往戚地，然后进入国都，遇见蘧伯玉，试探地说："国君的暴虐，这是您所知道的。我很害怕社稷颠覆，您看该怎么办。"蘧伯玉听出孙文子的言外之意，婉转地回答说："国君治理他的国家，下臣哪里敢冒犯他？即使冒犯了他，立了新的国君，怎知新君一定比旧君好呢？"

蘧伯玉知道卫国即将发生大事，于是就离开国都，从最近的边关出境避祸去了。果然，孙文子发动了政变，将卫献公派去订立盟约和求和的使者都杀死了，献公知道孙文子不会放过自己这个国君，于是逃往齐国，一国之君就这样被驱逐了。

从表面上看，卫献公被逐是因为点了一首不合时宜的歌，事实上这件事情只是一个导火索，如果国君有国君的威仪，臣子尽臣子的本分，这个故事是不可能发生的。

为君者丝毫没有体恤之心，言谈举止间常常对大臣有意无意流露出轻蔑之意，如对孙文子的无礼、对师曹的暴虐，终致落到“失道者寡助”的地步。

为臣者丝毫没有忠诚之意，言谈举止间也时不时流露出对君王的怨怼之意，如孙文子怒走于戚地、师曹存心报复，终于致使动乱爆发。

听罢一曲古老的歌，看过了一个古老的故事，现在是否也能体悟到那“严于律己，宽以待人”八个字，不仅仅是挂在学校墙上的名言警句，也是我们每日里不知不觉面对的世故人情？最重要的是，每个人都应该认清自己的身份，摆正自己的位置，只有这样，才能真正做好自己应该做的事情。

被弑之君

齐襄公——多行不义必自毙

齐襄公，春秋时代齐国第十四位国君，齐僖公之子，是位被弑之君。齐襄公在位十二年，无国君之威仪，与妹私通；无国君之礼义，虐杀鲁君；无国君之信义，失信于臣下。

齐襄公和自己的妹妹通奸，并因此杀死妹妹的丈夫鲁桓公，这无疑是导致他臭名的最主要原因。公元前694年，鲁桓公打算前往泺地会见齐襄公，夫人姜氏请求同行，桓公觉得夫人想顺便回趟娘家，也是人之常情，便同意了。鲁大夫申繻听说此事不以为然，叹息着说：“女子有自己的丈夫，男子有自己的妻子，一定要相互尊重，这就叫作有礼。违反了这一点，一定会坏事的。”这一声叹息隐约地预示着桓公此行的不祥，桓公怎么也没料到陪老婆回趟娘家，会糊里糊涂地送掉性命。

鲁桓公与齐襄公在泺地会面后，便带着夫人文姜去了齐国。桓公怎知齐国有一顶“绿帽子”等着他戴呢？到了齐国，夫妻二人得到了齐襄公热情的接待，齐襄公对待文姜更是分外亲热。桓公慢慢察觉出暧昧的味道，两人之间不似兄妹，却似久别重逢的情人。

桓公这个气啊，天底下还有比我更傻的老公吗？陪着老婆来会情人？而这个该死的情人不仅是自己惹不起的大国国君，还是自己老婆的亲哥哥。心情郁闷的桓公不敢找齐襄公算账，只能训自己那没有妇德的老婆文姜。被骂得梨花带雨的文姜向自己的情人哥哥诉说"委屈"，齐襄公一见心爱的妹妹哭得这么伤心，恼羞成怒的他便想出了个一不做二不休的毒计。

这天齐襄公特意设盛宴招待鲁桓公。桓公实在不愿见到这个招人恨的奸夫，一想到两人在众目睽睽之下，当着自己的面眉目传情就怒不可遏，但人家明明说是宴请妹妹鲁国君夫人和妹夫鲁国国君，自己不敢不去，也不能不去，难道还能将这丑事公布于天下吗？不得已出席的桓公看到齐襄公虚假的笑脸后心情更加不好，酒入愁肠，不知不觉已有醉意。齐襄公一见正中下怀，便派公子彭生"扶持"桓公登车，彭生抱桓公上车时，故意拉折桓公的肋骨，可怜的桓公就这样不明不白地死在了车中。在《左传·桓公十八年经》中以简短的一句"夏，四月丙子，公薨于齐"记之。

鲁国人见自己的国君有去无回、不明不白地死在了异国他乡，向齐国发出了义正词严的声明说："我们国君敬畏君王的威严，不敢苟安，特意到贵国重修旧好。礼仪完成了他却没能回国，我国不知道该归罪于谁，此事已在诸侯中造成了恶劣的影响。请求杀死彭生来清除这种影响。"于是，"齐人杀彭生"。

为了齐襄公的苟且之事，鲁桓公和公子彭生就这样成了牺牲品。桓公死后，受到鲁国人责备的文姜逃到齐国，其子庄公与她断绝了母子关系。事已至此，齐襄公与成为寡妇的妹妹文姜便更加肆无忌惮，在齐襄公被弑之前的几年间，两人的风流韵事常常出现在《左传》中，虽然都是一笔带过的记录，但这言简意赅的记录何尝不是最严厉的批驳呢？

对于齐襄公这样不知礼义廉耻的不义之徒，不仅是秉笔直录的史官没有放过他，而且齐襄公自己的良知也没有放过他。公元前686年冬天，齐襄公到姑棼去游玩，接着在贝丘打猎。看到一头大猪，跟随的人说：“这是公子彭生啊！”齐襄公听闻既惊且怒，喝道：“公子彭生怎么敢现形！”急忙用箭射它，这猪却像人一样站起身嗥叫。齐襄公吓坏了，这几年虽然如愿以偿地和自己漂亮的妹妹寻欢作乐，但被他当作替罪羊杀掉的彭生，常常在他的梦中喊冤，今日被这“猪彭生”一吓，齐襄公从车上摔了下来，伤了脚，丢了鞋。惊魂未定地回去以后，责令徒人费去找鞋，费找不着，齐襄公就将对彭生的恨意发泄在费身上，狠狠鞭打了费，将他打得皮开肉绽。挨完打的费走出屋子，在宫门口遇到了叛贼。叛贼把他捆起来劫走，费说：“我怎会抵抗你们呢！”于是说了自己挨打的事，让他们看自己伤痕累累的后背，叛贼相信了他。费请求为叛贼先进去刺探情况，实际上进去以后就把齐襄公隐藏了起来，然后出宫同叛贼搏斗，死在了门洞下。叛贼进入宫中后，杀死了在床上冒充齐襄公的孟阳，看看说：“这不是国君，样子不像。”在寻找时，叛贼中一个眼光锐利的发现了齐襄公的脚从门下边露出来，于是冲过去把他杀了。公孙无知被拥立为国君。

这个穿了别人的“鞋”，最终自己依然无“鞋”可穿的齐襄公就这样退出了历史舞台。杀死他的叛贼也不是无缘无故就作乱的，究其根源还是齐襄公的多行不义种下的祸根。齐襄公派连称、管至父戍守葵丘。两人在瓜熟时节前去，齐襄公说：“等明年瓜熟的时候派人接替你们。”两人驻守了一年，齐襄公却没有下达调遣的命令。两人请求派人接替，齐襄公不同意，两人因此策划了叛乱。策划有了，得着手实施啊，两人便想到了公孙无知。

齐襄公父亲齐僖公的同母兄弟名叫夷仲年，生了公孙无知。无知深受僖公的宠信，所享衣服、礼数、品秩等种种待遇都和嫡子一样。齐襄公即位后降低了公孙无知的待遇。连称、管至父两个人便依靠公孙无知而发动叛乱。连称有个堂妹在齐襄公的后宫，不得宠，公孙无知便派她去窥探襄公的举动，对她说："事情成功后，我把你立为君夫人。"

就这样，集众怒于一身的齐襄公被杀死了，这个暴虐自私、不可一世的齐襄公终于落得害人终害己的下场，或许除了他那个貌美如花的妹妹文姜，没有人会为他的死而感伤。他的死使齐桓公得到机会，登上了历史舞台，这或许算是齐襄公对历史发展做出的仅有的贡献。

卫庄公——恶念恶行成恶名

春秋时期卫国先后出现过两个卫庄公，都称不上有为之君，尤其是后一个卫庄公，为人贪婪无耻，最终成为被弑之君。

卫庄公，姬姓，名蒯聩，卫灵公之子，卫出公之父。其人生平之事主要有：谋害嫡母、与子争位、为人所杀。为君三载、为人一生，却只是一个警示后人引以为戒的反面教材。

身为太子的蒯聩如果不去管父母的闲事，或许可以顺理成章地成为卫国国君，也就无需与子争位了。当然，蒯聩之所以是蒯聩，就是因为他的自以为是、自私自利。才智不足而品行有失使他屡次为"恶"，终成背负恶名之君。

公元前496年，卫灵公为了夫人南子召见宋朝。宋朝是宋国公子、卫国大夫，因作乱被赶出国，但夫人南子思念这个美男子，卫灵公特意召见宋朝来洮地相会。此事本来是和太子蒯聩没太大关系的，毕竟南子是嫡母，而非生身之母，既然蒯聩的爹卫灵公作为南子的老公都不介意，蒯聩自是可以做个"孝顺"的太子，不闻不问，完成好自己的本职工作就算尽心尽力了，可是偏偏他就不能非礼勿听、一心一意地工作。

这日太子蒯聩去齐国出差，路过宋国郊野，只见一派田园风光，还有歌声传来，这让蒯聩心情大好，美滋滋地随着歌声摇头晃脑，美着美着，心里不是滋味了。这些山村野夫在唱什么啊？原来郊野的人唱的是："已经满足了你们那发情的母猪，为什么不归还我们那漂亮的公猪？"这明明是在讥讽南子与宋朝之事，太子蒯聩再也高兴不起来了，而是深感羞耻。于是怒从心头起，恶向胆边生，对戏阳速说："你跟着我去朝见夫人，夫人接见我时，我朝你看，你就杀了她。"戏阳速说："是。"这貌似勇武的太子蒯聩，此举显然是不明智的，仅凭一时之愤，便不管不顾地鲁莽行动，完全没有冷静的分析、周密的计划，此举成与不成都将会引祸上身。

两人去朝见夫人。夫人接见太子时，太子回头看了三次，戏阳速都不肯上前动手。夫人看出了太子的面色不善，哭着逃走，边逃边喊："蒯聩要杀我。"卫灵公赶过来拉着南子的手登上高台躲避。太子一看计划破产，为了自保只好逃亡到宋国，大怒的卫灵公便把太子的党羽都赶走了。太子告诉别人说："戏阳速使我蒙受灾祸。"戏阳速不以为然地说："是太子使我蒙受灾祸才对哩，太子无道，派我杀死他的母亲。我不答应，他就会杀死我。如果我杀死了夫人，他就会拿我出来抵罪。我因此答应了他而不去做，以此暂免一死。俗话说：'百姓用信用保全自己。'我是用道义来作为信用的。"相对于蒯聩的暴虐无礼、自以为是，戏阳速算得上是个头脑机智、善于识人的聪明人。他的此番话把蒯聩的恶念恶行分析得很透彻，他还真是个了解蒯聩的人。

相对于戏阳速的知人甚深，浑良夫实在是个"傻帽儿"，他傻乎乎地相信蒯聩的誓言，帮他夺得国君之位，还出谋划策帮蒯聩稳定君位，最后却被蒯聩出卖并杀死。卫庄公的人品可见一斑。人做了坏事总会心里不安的，即便是卫庄公也不例外。他杀了对自己有恩的浑良夫，良心不安做起了噩梦。

公元前478年，卫庄公在北宫做了个梦，梦见有人登上昆吾之观，披头散发，脸朝着北面呼叫："登上这昆吾之墟，有绵延不断生长的大瓜小瓜。我是浑良夫，向上天控诉我无辜遭殃。"这个梦把卫庄公吓得不轻，以至于亲自卜筮探问吉凶，胥弥赦帮庄公分析道："没有危害，请您安心吧。"卫庄公听了深觉安慰，便要赐给胥弥赦城邑，胥弥赦不但不接受，还逃到了宋国。胥弥赦这一跑，卫庄公心又忐忑了，赶紧再次占卜，得到的繇辞上说："就如同红尾巴的鱼儿，穿过急流而迷惘彷徨。紧紧地靠近大国，消灭它，它将要灭亡。关门塞洞，于是爬过了后墙。"这繇辞正预示庄公狼狈出逃的命运，从此卫庄公的种种恶行一一得到了恶报。

这年十月，晋国攻打卫国，打进了卫都的外城。卫国人驱逐庄公而与晋国讲和，晋国立了襄公的孙子般师然后回国。十一月，卫庄公又从鄄地回国，般师出走。似乎卫庄公的运气还不算太坏，其实这只是命运要给他严惩的前兆。命运的残忍不是让一个人生活得水深火热，而是给他以希望，然后再无情地将他的所有努力化为泡影，让他的所有希望全部落空。现在命运要让这个放纵的卫庄公自食恶果了。

当初，卫庄公登城远望，见到戎州，询问左右，左右告诉他那是戎人的居邑。卫庄公霸道地说："我是姬姓，怎么能容许戎人这样放肆？"就派人摧毁了戎州，只因卫庄公的一时意气，戎州人失去了家园，卫庄公种下恶果一枚。卫庄公役使匠人，很久不让他们休息，他的暴虐让匠人敢怒不敢言，卫庄公又种下恶果一枚。卫庄公看国卿石圃不顺眼，想要驱逐他，石圃为此对卫庄公心存恨意，卫庄公再种恶果一枚。

恶果结多了，祸难就该发生了。国卿石圃来了个先发制人，联合匠人攻打卫庄公。卫庄公关上门请求停战，石圃不答应。卫庄公只好爬墙逃跑，慌乱间从墙上掉了下来，跌断了腿。瘸了腿的卫庄公逃往戎州。正所谓“福无双至，祸不单行”，戎州人也加入攻打卫庄公的行列，卫庄公狼狈不堪地逃进戎州人己氏家。

这个卫庄公不但是瘸了腿，连脑子也有点“瘸”。一心逃命的他，竟没头脑地逃进和自己结过怨的己氏家。当初，卫庄公从城上看到己氏妻子的头发又黑又亮，飘逸非常，就派人把她的头发剪下来，给自己的夫人吕姜做了顶漂亮的假发。对古人来讲，身体发肤受之于父母，是不能随意剪断头发的，可这无礼的卫庄公为一己之私，全然不顾及他人而肆意妄为。这时为求活命的庄公拿出玉璧给己氏看，说：“你救我的命，我给你玉璧。”你说这个庄公有多傻，财不露白啊，此举无异于在加速他的死亡。己氏不屑地看着自己的白痴仇人说：“杀了你，玉璧会跑到哪里去？”于是手起刀落杀死了卫庄公，得到了他的玉璧。

种恶因、食恶果的卫庄公就这样结束了自己恶念恶行成恶名的一生，没有死于大国的征伐，没有死于政敌的追杀，却死于石圃之谋、戎州人之攻、己氏之杀，这三者既不是卫国举足轻重的人物，也不是君位之争中的任何一方，就是这样无足轻重的人物使这位国君的生命画上了句号，结束了其可恨、可鄙又可笑、可叹的一生！

楚成王——废立不当种祸端

楚成王，春秋时期楚国国君，楚文王次子，其母是著名的美人息妫。楚成王在位四十六年间，灭国十二，扩地千里，称雄一时。这样的君王最终的结局不是寿终正寝，不是战死沙场，却是被弑而亡，而且是死于其子之手。被弑而亡已算凄惨，死于其子之手又多几分可怜。然而，可怜之人必有可恨之处。楚成王的可恨之处正在于他的废立不当。

客观地说，楚成王算是一位颇有作为的君主。楚国与齐桓公争霸历时十余年，取得了辉煌的成果，相对于齐国的力不从心、霸势转衰，楚国则显示出后来居上、蓬勃发展的趋势。继而于公元前638年，在泓之战中战败宋襄公，称雄中原。其所作所为足以证明他是个有胆识、有才略的君王。而这样一个善于谋略策划的君王，在册立继承人的大事上却显得那样草率轻忽、刚愎自用，以致为自己的人生种下祸端，亦殃及了他人。

当初，楚成王打算立商臣为太子，征求令尹子上的意见。子上觉得不妥，委婉地劝告他说："您的年纪还不算大，宠爱的女人又多，如果立了太子以后又改变了心意要改立他人，就会有祸乱了。再说，我们楚国立太子，通常是立年轻的。"楚成王这个时候，看到商臣就像看到冬天的阳光、初春的雨露一样，正喜爱无比，哪里听得进去反对意见呢？子上偏偏是个死心眼儿的人，继续说："商臣这个人，眼睛像胡蜂，声音像豺狼，怎么看都是一个残忍的人。您不能立他为太子！"楚成王听了越发不高兴了，心想我就是礼貌上让让你，又不是真打算听你的，我才是国君啊，你倒好，叽里呱啦地说了一通不中听的话，临了还说我的宝贝儿子生得不好，那我是他爹，是不是我也是个残忍的人啊？楚成王鼓着腮帮子，气呼呼地说："此事本王会考虑的，你先下去吧！"

命运有时就如淘气的孩子，趴在门口偷偷看着你，在你不留心的时候射你一箭。痛苦之箭，刚中箭时可能不觉得痛，只觉得心里不痛快而已。楚成王此时的症状就是中箭初期症状。楚成王终究没有听从子上的逆耳忠言，立了这个面露凶相的儿子商臣为太子。而心胸狭窄的商臣果然如子上所言是个残忍的人，由此就怨恨上了子上并伺机报复。

公元前627年，晋国的阳处父入侵蔡国，楚成王派子上前去救援，和晋军隔着泜水对峙。阳处父担心打不过子上，就想出了个阴谋，他派人对子上说："我听说：'有文德的人不能触犯顺应事理的人，有武德的人不能躲避仇敌之辈。'您如果想打，那么我就后退三十里，您渡过河来列成阵势，早打晚打听您的。不然的话，您退后让我渡河。军队这么长久对峙，军士劳累，耗费钱财，也没有什么好处。"之后就驾好车马，等待楚国表态。

子上不疑有他，想要渡河，大孙伯说："不行。晋国人不讲信用，如果我们渡过一半而他们迫近攻打，那时战败了再后悔，哪里还来得及？不如让他们渡河。"于是楚军就后退三十里。阳处父一见子上退了兵，心内大喜，得意洋洋地宣布说："楚军逃走了。"然后带着军队回国报喜了。子上等了半天，不见晋军前来，派人去探看，方知阳处父已背信弃义地跑了！敌人都没了，还打什么啊？楚国军队也只好回国。

太子商臣终于找到了机会报复子上，立刻向楚成王诬告子上说："子上一向善战，这次却不战而还，想必是接受了晋国的贿赂而躲避他们。我楚军何等威武雄壮，反倒成了胆小鼠辈，这是楚国的耻辱！还有什么罪比辱没君王颜面更大呢？！"楚成王本来正怒气难消，被商臣这样一煽动竟下令杀死了子上。一个能征善战而忠厚诚实的臣子就这样死了，死于小人之谗言，死于君王之昏聩。

楚成王因一时之怒杀了子上，在知道事情真相后，心生悔意，再看商臣便也觉得这个太子确实面带恨意，加之近来甚是喜爱小儿子王子职，便渐渐动了改立太子的心思。商臣听到了风声，但还没有得到证实，忐忑的他问自己的老师潘崇："怎么样才能证实这件事呢？"潘崇出主意说："你设宴招待你姑姑江芈，而有意对她不尊敬。"商臣急于知道答案就照办了。江芈乘兴而来，败兴而归，临走时怒气冲冲地说："呸！贱东西！难怪君王要杀死你而立王子职为太子。"商臣傻了会儿眼，赶紧告诉潘崇说："事情证实了。"潘崇很了解这个学生，问他说："你能侍奉公子职吗？"商臣说："不能。""能逃亡出国吗？"回答说："不能。""能做大事吗？"商臣说："能。"言下之意是想弑父夺位，简简单单的一个字，证实了子上识人之准，注定了楚成王结局之悲。这难道是商臣继承了成王的暴力基因？当年成王杀兄堵敖即位，如今商臣如法炮制，是历史的循环，还是性格决定了命运？

公元前626年冬十月，商臣率领太子宫中的甲士包围了楚成王，并且逼成王自杀。楚成王面对着这个杀气腾腾的儿子，仿似看到了当年的自己。怀着生的渴望，成王请求吃了熊掌以后再死，以待救兵到来。商臣不答应："您已经不给我机会了，我怎能还给您机会呢？"楚成王的心狠狠地痛了一下，这时候才体会到命运之箭给予的刻骨之痛。他悲凉地哈哈大笑道："我的儿子就是我的儿子啊！"一代君王就这样被逼上吊而死；然而却死不瞑目，定谥号为"灵"，尸体怒目圆睁；改谥为"成"，才肯闭上眼睛。太子商臣继位为楚穆王。

兄弟友爱、父子亲情本是人伦之常，可在君王之家，竟成了奢侈品。争权夺利地成为"不平凡"的人，代价是失去平凡人拥有的幸福。难以评说得失成败、功过是非，人生的价值为何因人而异，对于平凡的我们来说，呼吸干净的空气、饮用干净的清水、拥有干净的心灵就是幸福的人生。

二

乱世之臣自枯荣

诛岸贾赵氏复兴（据明末刊本《东周列国志》插图）

贤良之士

伍子胥——为报父仇误平生

伍员，字子胥，春秋末期著名的军事家。出生于楚国世家，因其父伍奢和其兄伍尚为楚平王所杀，遂逃亡至吴国，成为吴国重要谋臣，并借吴国之力报了父仇。其人有“文治邦国，武定天下”之才，然而这令人称羡的才华，却未能改变其悲剧的命运。父兄之死，是伍子胥人生悲剧的起点，自此报仇成为他人生的主题，他的忍辱负重、他的倒行逆施、他的建功立业无不是围绕着这一核心。

公元前522年，是伍氏家族遭逢变故的一年。正是这个变故让伍员原本阳光灿烂的人生变得愁云惨雾，因而这个变故成为不得不碰触的痛、不得不细细道来的因由。伍氏一族是楚国的世家，自伍参开始兴盛，以富有见地和工于计谋而著称，对楚国的内政影响颇大。伍参为楚庄王嬖臣；其子伍举为楚灵王死党；伍举之子伍奢，即伍员之父，为楚平王太子建之师。按说这样一个与王族关系极为密切的家族，应该是备受器重和深得信任的，可是问题偏偏就出现在这里。伍奢作为太子建的师傅，深得太子建的倚重。这让太子建的少师费无极既嫉妒又愤恨，心想让你不喜欢我，那我就让你的国君老子喜欢我！于是，这个小人费无极开始一边讨好楚平王，一边想法构陷太子建和伍奢。这就是“木秀于林，风必摧之”，费无极便是那股不怀好意的风。

费无极在逐渐取得了楚平王的信任后，便开始加大力度离间楚平王与太子建、伍奢之间的关系，他对楚平王说：“太子建和伍奢将要领着方城以外的人背叛您，听说这事情要成功了。”对于大多数国君来说，最可怕的事莫过于有人觊觎他至高无上的权力，因此对这种事是宁信其有，不信其无的。楚平王相信了这些鬼话，便怒气冲冲地去质问伍奢。伍奢对楚平王这种没头脑的蠢问题很是不屑，心想这个人怎么就这样没有政治眼光呢，一次次被小人蒙蔽，亏你还贵为一国之君呢。伍奢便冷冷地回答说：“君王有一次过错已经很严重了，为什么还会听信谗言？”楚平王这个气啊：就算你伍氏一族英明神武，可也不能功高盖主啊，胆敢教训我，定有反心！便下令逮捕了伍奢，派城父司马奋扬去杀太子建。

费无极一看时机已到，就想来个斩草除根，趁机向楚平王进言道：“伍奢自然是有罪了，虽然还不知道他的儿子是不是也参与了，但也不能轻易放过啊。伍奢的儿子有才能，如果逃去吴国，一定会使楚国担忧，何不以赦免他们父亲为理由召见他们。他们仁爱，一定会回来。不然的话，将来就要成为祸患了。”楚平王一听觉得甚有道理，便派人召见他们，说：“回来的话，我就赦免你们的父亲。”

伍家兄弟接到诏令，心知这不过是想一网打尽的诱骗之计，棠邑大夫伍尚对他的弟弟伍员说：“如今也只有这样了，你速去吴国，我则回去救父赴死。你不必推托，我自知才智不及你，我今日能坦然受死，你他日定会为我报仇雪恨。听到赦免父亲的命令，不能不奔走回去。亲人被杀戮，不能够不报仇。奔走赴死而使父亲得以赦免，这是孝；估量成功与否而行动，这是仁；选择合适的任务而前往，这是智；明知会死而不逃避，这是勇。父亲不能丢弃不顾，名誉不能废弃不理，你还是努力吧，各人尽自己的心力就好，不必勉强！”伍员心如刀绞，但深知兄言极是，忍痛与兄长挥泪作别，心知这一别便成永诀，而自己竟不能与父亲见上最后一面！伍尚只身回楚，伍奢听说伍员没回来，知道伍员定会为父兄报仇，慨然一笑说：“楚国的国君、大夫恐怕不能准时吃饭了吧。”恼羞成怒的楚王杀了父子二人。

至此，伍员的人生发生了重大变化。死亡固然难以面对，但毕竟只是一瞬间的事，而忍辱负重地活着却是需要勇气和毅力的。父兄无辜受死，自己独自苟活，在世人眼中恐怕也是个贪生怕死、不孝不义之人吧。白日静思之时，耳畔萦绕的总是哥哥伍尚临别的话语；午夜梦回之际，眼前恍惚出现的总是父亲伍奢的面庞、哥哥伍尚的背影。那份刺心之痛，渐渐变为刻骨之恨。从此，伍员的人生意义便在于筹划和实现复仇之计。

化悲愤为力量的伍员辗转来到吴国，得到吴王僚的青睐，伍员借机向吴王僚讲诉攻打楚国的种种有利因素。吴王本也是个有野心之人，这下被伍员说得蠢蠢欲动，大有一平楚国之意。伍员暗暗地喜悦着，可是一心一意想报仇的伍员忽略了一个人，此人便是公子光，一个处心积虑想夺取吴王宝座的人。公子光不希望伍员为吴王效力，而想将其纳入自己麾下。公子光对吴王说：“这个人的家族被楚王屠戮因而想要报仇，不能听从他的意见。”吴王于是转而拒绝了伍员的建议，并日渐疏远伍员。静下心来的伍员知道自己表现得过于急切，反而错失了机会。通过仔细观察，伍员很快看出公子光的野心，知道吴王已处于危险之中，但这些对于目的明确的伍员来说又有什么关系呢，成王败寇是他们的事，只要能助自己报仇就好，既然吴王僚已指望不上，那么便寄希望于公子光吧。伍员不动声色地一边暗地里寻找勇士，一边悄悄住在郊外等待有异心的公子光来向他求助。果然，公子光来请伍员为自己出谋划策，伍员心中暗喜，就向他推荐了自己发现的勇士专诸，自己依然在郊外耕种度日。

伍员看似过着与世无争的田园生活，其实他心急如焚、度日如年。公元前515年，公子光借宴请吴王僚的机会，让专诸刺死了吴王僚，自己继位为王，是为吴王阖闾。伍员也水涨船高地成为吴国重要谋臣。伍员尽心尽力地辅佐阖闾，使吴国日益强盛，表面上是抓住知遇之机建功立业，实际上是在为父兄之仇早日得报而义无反顾。阖闾又怎能不知伍员的心意，伍员助他夺得君位、助他富国强兵，劳心劳力的目的是灭楚报仇，而这正有助于达成自己称霸的目标。公元前512年，阖闾下令攻打楚国，楚国从此开始劳累困苦、疲于应战。公元前506年，吴军攻入郢都，楚昭王被迫离开楚国出逃，伍员多年夙愿得偿，终于为父兄报了仇。

故事到这里，似乎可以放下那颗一直为伍员悬着的心，以为他终于可以放下仇恨为自己而活了。但事与愿违，伍员的一生总和报仇纠结在一起，不仅有自己的，还有别人的。公元前496年，阖闾伐越，战败身死。太子夫差继位，誓报父仇。公元前494年，伍员助夫差打败越王勾践，夫差父仇得报。伍员力主灭越，夫差却答应了越国请和的要求，此举不仅为吴国带来了灭亡之患，还给伍员带来了杀身之祸。伍员因屡次劝谏吴王夫差灭越，致使君臣失和，最终夫差赐剑令其自刎。

伍员悲剧性的人生就此落幕，后人对其功过的评判不一。然而是非成败之论，转头即为笑谈之事，又何须太过介怀，只是感叹这样一个雄才大略之人，一生竟为复仇所累，那心灵不得自由的人生不知是何其疲惫辛酸！

申包胥——哀哭七日复旧国

申包胥，春秋时楚国大夫。在那个出英雄的乱世，有很多治世能臣显达于世，如管仲、范蠡；亦有很多忠臣义士名垂后世，如先轸、伍子胥。申包胥没有前者那样惊人的雄才大略，也没有似后者那样为国捐躯，但申包胥最知名的是能哭。虽然没有孟姜女哭长城那样广为人知，但是申包胥哭秦庭的故事也是载入史册、声名远播的。

申包胥其人重信重义、品行高尚，与伍子胥是好友。如果不是楚平王重用奸臣、听信谗言，如果不是伍氏家族因此遭逢变故，两个人的人生可能平稳得多、幸福得多。这场变故使两个人陷入相对的立场——伍子胥立誓灭楚复仇、申包胥则立志守卫楚国。

伍子胥被迫逃亡的时候，申包胥为他送别，无辜的父兄被楚王所杀，使伍子胥对楚国充满愤怒和仇恨，临别时他对申包胥说："今日就此别过，他日归来之时，便是楚国覆灭的时候！"申包胥作为伍子胥的知己好友，深知伍子胥有安国定邦的才干，也能体会到他那发自内心的痛苦和刻骨的仇恨。毕竟伍氏一族对楚国贡献颇大，如今竟无辜受难，伍子胥忍辱偷生为父兄报仇本是无可厚非，便平静地对伍子胥说："作为朋友，我支持你，相信你定能实现今日之愿，请尽力干吧！但作为楚国的臣子，我得告诉你，你能颠覆楚国，我就一定能复兴楚国。"两个原本志同道合的好友，不得不选择背道而驰，这就是命运的作弄吧？

时间冰冷无情地走过，不曾华丽炫目，也不曾荒凉颓废；不曾因谁的幸福而稍作停留，也不曾为谁的痛苦快步向前。十六年之后，也就是公元前506年，伍子胥回来了，率领吴军攻打楚国，攻破郢都，楚昭王被迫出逃。伍子胥实现了当初的诺言，覆灭了楚国，为父兄报了仇。面对所发生的一切，申包胥丝毫不觉意外，当年就知道会有今日之祸，只是作为楚臣，心内难免痛苦万分，申包胥知道接下来轮到自己实现承诺了。

等到楚昭王逃往随国避难时，申包胥便一个人风尘仆仆地前往秦国，去请求秦王出兵帮助楚王复国。申包胥立于秦庭，对秦哀公说："您一定已经听闻吴国的所作所为了，吴国就如同大猪、长蛇，一再吞食中原国家，如今竟迫使我国国君从楚国出逃，吴国的危害正从楚国开始。我国国君没能守住社稷，远避荒野，派下臣来向您告急，说：'夷人的本性是贪得无厌，如果吴国成为君王您的邻国，将成为贵国边境的祸患。趁着吴国还没有安定下来，君王可以来分割楚国的土地。如果楚国就此灭亡，这里就是君王的土地了。如果仰仗君王的威灵派兵镇抚楚国，楚国将世世代代事奉君王。'"秦哀公点点头，对申包胥说："我知道您的意见了，您姑且到馆舍休息，我们要商量一下再答复您。"

申包胥听到这样的推托之辞，心内焦急万分，回答说："我国国君远避荒野，还没有得到安身的地方，下臣哪敢去安逸的地方休息呢？"申包胥诉说着，眼前仿似看到落魄的楚昭王神情凄苦地站在荒草丛中，又恍惚看到怒气冲冲的伍子胥正策马飞奔而来。忆起当年与伍子胥分别时的对话，如今伍子胥真的覆灭了楚国，而自己似乎已然无力回天，难道楚国真的就此灭亡了吗？想到这，申包胥不由得悲从中来，怀着最后的希望一路奔波而来。当今世上有实力帮助楚国击败吴国的只有晋国和秦国。而晋国与楚国长期争霸，是不可能出手相救的。楚昭王之母为秦女，秦楚两国有着较为紧密的关系，秦国已是楚国最后的救命稻草了。秦哀公如能出兵相救，楚国还有复兴之机。如果秦哀公也置之不理，那么楚国还哪有希望可言？哀莫大于心死，被最后的希望支撑着的申包胥，浑身无力地靠在庭院的墙上，号啕大哭。哭他漂泊在外的国君，哭他无人护卫的楚国百姓，哭他为吴军肆虐的郢都，哭他即将不再的楚国，哭他无法实现的承诺。就这样，日夜哭声不绝地哭了七天。

听到申包胥的大哭声，秦哀公很是意外，一个男人能这样为自己的国君、自己的同胞、自己的国家而放声痛哭，那他就是会令人感动、令人钦佩、令人赞叹的。听了申包胥七天哭声的秦哀公不再觉得申包胥可笑了，而是大为感动。面对亡国，多数人选择的是自保苟安，而申包胥却以常人无法理解的坚定，来践行自己对国君的坚贞、对祖国的热爱。秦哀公不由得羡慕地长叹一声："楚国有这样的忠诚之士，是上天赐给楚国的福泽啊！"秦军于是出兵救楚。

公元前505年，申包胥带秦国的子蒲、子虎率领战车五百辆救援楚国。秦军又打败了吴军。楚昭王返回郢都。申包胥实现了自己的诺言，复兴了楚国。楚昭王赏赐有功之臣，人们推测这一哭闻名的申包胥这会儿又得激动地泪流满面了吧？但申包胥这一次只是淡淡地笑了，说："我的所作所为是为了楚国、为了国君，不是为了我自己。如今楚国已安定了，国君已在位了，我的心愿已全部实现了，还追求什么呢？"于是躲起来不接受楚王的赏赐。

这就是申包胥的品格，淡定冷静、是非分明；勇往直前、出人意表。身逢乱世，让人身不由己的时候太多，在看似再无生机的绝境中能明辨是非、言出必行，是需要舍生取义的勇气的；在功成名就之时能无欲无求、淡然处之，是需要明心见性的智慧的。然而，让人最欣赏他的，却是那真情真性的肆意大哭，这个能哭的男人比之世上太多不哭的大男人，更像个男人，会怕会痛、有情有义，让人觉得真实而温暖。历史的严肃沉重、现实的宛转浮华，这样的一个人，是一个真实的人，弥足珍贵。

石碏——大义灭亲留美名

于青史留名之事，应该是桩美谈。只是石碏所留之美名——大义灭亲，让人在钦佩的同时不由得生出悲怆之感。所灭之亲还是自己的亲生之子，彼时彼刻石碏心情该是怎样的无奈与悲痛呢？

石碏是春秋时期卫国的大臣，在《左传》出现了两次，每次出现都和公子州吁相关，与历史上那个著名的美人庄姜也有些许关系，或许如果不是因为庄姜美而无子，这一切可能就不会发生了。卫庄公娶了齐国太子得臣的妹妹庄姜。卫国人特别为她创作了《硕人》这首诗，赞美她倾国倾城的美貌。可是漂亮的庄姜却没有为卫庄公生个儿子，“不孝有三，无后为大”，一国之君怎么可以没有继承人呢？于是，卫庄公理所当然地冷落佳人，又从陈国娶了一个妻子，名叫厉妫。她为庄公生了孝伯，可是孝伯很早就死了。作为厉妫陪嫁一起嫁过来的戴妫，和姐姐一样，也为庄公生了一个儿子，却比姐姐有福气些，这个男孩被立为太子，就是卫桓公。美而无子的庄姜把桓公当作自己的儿子，对他疼爱有加。但庄姜却很不喜欢庄公的另一个儿子——公子州吁。他是卫庄公的宠妾生的，子凭母贵，深得庄公的宠爱。公子州吁生性暴戾好武，善于谈兵，喜欢军器，对同父异母的兄长太子完也不友爱恭敬，而这一切似乎都不影响庄公对他的宠爱，对他这些不当的行为庄公视而不见，从来不加禁止。公子州吁这样，不仅让庄姜厌恶、忌惮，而且也令朝中大臣对其颇为不满。

深谋远虑的石碏就是其中一个。性情耿直的石碏不喜欢在背后窃窃私语，他的做法是当面直谏。一日，石碏直言不讳地劝谏庄公说：“我听说疼爱自己的儿子，应当以道义去教导他，不要让他走上邪路。骄傲、奢侈、淫欲、放荡，这是走上邪路的开始。而这四种恶习之所以发生，是过分宠爱的缘故。”庄公听出了石碏的言外之意，这话似乎是和自己分享育儿经验，其实是想为进谏做个铺垫。果然石碏话锋一转，从“好爸爸”的温情话题跳到了“立太子”的国之大事。石碏的神情也越发严肃了，说道：“如果您准备立州吁做太子，那就应该定下来；如果还不定下来，这样宠爱纵容他，早晚会酿成祸乱的。”庄公暗暗叹口气，心想这个石碏啊就喜欢小题大做，我不就是对州吁有些偏爱吗？和立太子有什么关系呢？

庄公这里爱听不听地听着，石碏却依然语重心长地说着：“那种受宠而不骄傲，骄傲而能安于地位下降，地位下降而不怨恨，怨恨而能克制的人，是很少见的。而且卑贱的妨害尊贵的，年少的凌驾年长的，疏远的离间亲近的，新人离间旧人，弱小的欺侮强大的，邪恶破坏道义，这六种反常现象，就叫作‘六逆’。国君行事合乎道义，臣子服从命令，父亲慈爱，儿子孝顺，哥哥友爱，弟弟恭敬，这才是六种正常现象，叫作‘六顺’。丢掉正常的而效法反常的，这就是招致祸害的原因。作为君主，应该尽力消除祸害，现在却去招致祸害，这样做恐怕不妥当吧！”庄公在那儿虽然默不作声，但却越听越不顺耳、越听越不高兴，什么“六逆”、“六顺”的，不就是说我没当好爹，也没当好国君吗？你一个大臣在那里对我这个国君指手画脚的就是“顺”了？我就是喜欢州吁，就是宠着他！石碏的这番肺腑之言，卫庄公不但没听进去，反而越发纵容州吁的恃宠而骄。

石碏见卫庄公依然如故地任公子州吁为所欲为，知道自己已是多说无益，只能顺其自然了。可是，不只是国君的儿子州吁让石碏看着闹心，就连自己的亲生儿子石厚也让他不省心。这个石厚明知自己老爹不喜欢州吁，还和他交往，两个人相处得还很亲密。石碏看在眼里，急在心里：那个州吁总有一天会闯出大祸的，到时不仅身家性命难保，还会落得遗臭万年的下场。原指望国君会为大局着想，好好管教州吁，可是卫庄公不但是个糊涂爹，而且是个难成大事的糊涂国君，依然放纵那个于家于国都有危害的州吁不管。自己的儿子如果和他成为一路货色，早晚也会不得好死的啊！石碏苦口婆心地屡次禁止石厚和州吁混在一起，可石厚就是不听。等到卫桓公即位，不愿看到悲剧上演的石碏就告老回家了。

公元前719年，公子州吁杀害了自己同父异母的哥哥卫桓公自立为君。然而这个弑兄自立的州吁既得不到群臣的拥戴，又无法安定他的百姓。处于水深火热当中的州吁想到了有威望、有智谋的老臣石碏，便让自己的死党石厚去向石碏请教稳定君位的办法。石厚知道老爹一向不喜欢州吁，而且最讨厌自己和他在一起，但此时别无他法，只好做好挨骂的心理准备去求老爹。没想到的是老爹不但没骂他，还真给他出了主意。石碏说："去朝见周天子就可以取得合法地位了。"石厚大喜过望地追问："怎么才能够去朝见呢？"石碏看着自己的儿子，百感交集，自己想方设法地阻止州吁作恶，固然是为了卫国的安定，但何尝不是希望眼前这个傻儿子能免受牵连呢？如今一切都已无法改变了，这个犹自欢喜的儿子已经成为于国于家难容的罪人，他助纣为虐，最终难逃一死。石碏于是狠下心来，说："陈桓公最受天子的宠信，而陈、卫两国也互相和睦，如果去拜会陈桓公，请他代为请求，就一定能实现目的的。"石厚听完很高兴地回去了。石碏望着他的背影，无声地流下两行老泪。

州吁带着石厚兴冲冲地去了陈国。石碏悄悄地派人告诉陈国说："卫国地方狭小，我老头子年纪大了，不能做什么事了。这两个人就是杀害我国君主的人，敢向你们请求乘此机会设法除掉他们。"陈国人便把这两个人抓了起来，但这毕竟是卫国的国事，就请卫国派人到陈国来处置他们。于是，卫国人派右宰丑在陈国的濮地杀了州吁，石碏派他的家臣獳羊肩在陈国杀了石厚。

在石碏的谋划下，两个危害国家的罪人得到了应有的惩罚，石磶是卫国的功臣，在历史上也留下了“大义灭亲”的忠义之名。刚正不阿、大公无私的石碏心里又有着怎样的苦涩，留着怎样的伤痕呢？作为父亲，最渴望的是儿子能平安健康、有所建树，而不是自己得到大义灭亲的“美名”吧。

祁奚——唯贤是举的伯乐

祁奚，春秋时晋国大夫，姬姓，名奚，字黄羊，因食邑在祁地，故称为祁氏。祁奚曾为晋国四朝元老，但却未见其卓越政绩，他不是以政治家的才干闻名于世，而是以为国举荐贤臣良士饮誉天下、留名青史的。

虽说千里马常有，而伯乐不常有，但是各朝各代或多或少总会有些慧眼识人的伯乐，何以祁奚这个伯乐会如此知名呢？或许是因为祁奚“外举不避仇，内举不避亲”的坦荡胸怀吧。

公元前570年，担任中军尉的祁奚请求退休，晋悼公望着头发已白的祁奚，心中暗暗感慨时光流逝，这位尽忠职守的贤臣已经垂垂老矣，是该让他告老还乡了，可是该由谁来接替中军尉之职呢？想到祁奚已为三朝元老，见多识广，晋悼公便向祁奚询问道：“您觉得谁来接替您比较合适呢？”祁奚毫不迟疑地推荐了解狐。解狐？晋悼公一听不禁吃了一惊，解狐是祁奚的仇人，这在朝中是众人皆知的事。晋悼公忍不住问：“您推荐的是解狐吗？”祁奚明白晋悼公为何疑惑，点头道：“解狐堪当此任。”晋悼公不是不知解狐的才干，但实在没想到与解狐有仇的祁奚会毫不迟疑地推荐他，没想到祁奚的心胸如此开阔，处事如此公正无私，看来自己这个国君也应该向祁奚好好学习一下为人之道。在晋悼公准备任命解狐为中军尉时，解狐却去世了。原以为会看到“将相和”的欢喜场面，谁料到竟是“好事终”。

解狐不幸辞世，中军尉一职又无人担当了，晋悼公只好再次向祁奚询问人选，祁奚想了想回答说：“祁午也可以胜任。”祁午是祁奚的儿子。晋悼公听到这个名字，既在意料之中，又在意料之外。意料之中是因为祁午也是他心目中的人选。祁午是当时晋国著名的贤才，好学守业，为人正直，堪当大用。意料之外是因为祁午为祁奚之子。虽说知子莫若父，祁奚自然最为了解祁午的才干，但推荐自己的儿子接替自己的职位，总有点“王婆卖瓜，自卖自夸”的味道，谁不说自己的儿子好呢？虽然我们已对君主之位在父子之间承传习以为常，但这种习以为常并未推而广之到父亲当什么官，儿子就可以当什么官的地步。祁奚举荐自己的儿子，不但有任人唯亲之嫌，还容易遭人非议。可祁奚就是这样不遮不掩地表达了自己的真实想法，让晋悼公又吃一惊后，不得不再次佩服祁奚的坦荡胸怀。

祁奚似乎已为我们完美地演绎了“外举不避仇，内举不避亲”的坦荡之举。但故事虽高潮已过，然而还有余波未平。也不知是不是历史为了给祁奚展示其识人之慧眼、坦荡之胸怀的机会，这一阵子总会发生一些让人始料不及的事，恰逢此时羊舌职也不幸去世了。于是，辅佐中军尉的职位又无人担当了。晋悼公再一次向祁奚询问说：“您觉得谁可以接替羊舌职呢？”基于前两次的经验，晋悼公对祁奚的答案充满了好奇的期待。祁奚回答说：“羊舌赤可以胜任。”果然，祁奚没有让晋悼公失望，他的答案又一次让晋悼公意外地睁大了双眼。羊舌职是祁奚的副手，羊舌赤是羊舌职的儿子。伯乐祁奚的这次推荐又犯了忌讳，推荐自己副手的亲生儿子，多半会落下结党营私的口实。这样的事一般的伯乐是不敢干的，尤其是当着国君的面，万一国君以为这是乘机结党、另有所图怎么办？国君一旦多心，那后果可是很严重的！谁愿意这么直言无忌或者说没事找事呢？可能也就是祁奚愿意。因为已有心理准备，晋悼公这次没有太惊讶，他也没有“多想”，只是觉得羊舌赤确实是挺适合的。这就是祁奚独特的伯乐风采和魅力。就这样，晋悼公任命祁午为中军尉、羊舌赤为副职。

这就是伯乐祁奚唯贤是举的故事，他在任何情况下都以国事为重推举有德行的人，以其公而无私赢得了朝野内外的赞誉、千古之下的敬仰。他举荐自己的仇人，不为沽名钓誉；推荐自己的儿子，不为自私自利；推举自己副手的儿子，不为结党连群。正因为祁奚不偏私、不结党，使解狐得到了荐举，祁午得到了任命，羊舌赤得到了官位，而成就了三桩美事。祁奚能够推举贤能的人，是因为他本身也有这样的德行，才能推举类似他的贤人。

行走在浮华世界的我们，翻阅过别人的悲喜后，是否有几分若有所思？是否该学几分宽忍与从容、淡定与坦荡？不为博得高尚之名，只为让自己的心更自由自在。

烛之武——深明大义退秦师

烛之武，春秋时期郑国人。他不是贤臣名相，一生屈居下僚，在《左传》中亮相时已垂垂老矣，但这仅此一次的亮相却如无限美好的夕阳，照亮了历史的天空，千载之后依然光彩照人。

公元前630年，晋文公、秦穆公率兵包围了郑国。攻打郑国，是为了替晋国报新仇旧恨。郑国曾对流亡时的晋文公不加礼遇，而且在不久前的晋楚城濮之战中，郑国还背叛晋国，出兵助楚。晋军驻扎在函陵，秦军驻扎在汜南。面对兵临城下的局面，郑文公急得坐立不安，对自己当初押错宝的行为再一次后悔万分。城濮之战之前，自己为什么要派军队到楚国助战呢？怎么当时就没想着派兵助晋呢？哪怕自己老实待着，谁也不帮呢！战后，因为楚军战败，怕晋国记仇，也做了些补救，派子人九和晋国讲和。晋国的栾枝先来郑国和郑文公订立盟约，不久晋文公和郑文公在衡雍结盟。原以为这事就算过去了，可显然这是郑文公的一厢情愿，人家晋国根本就没原谅他。其实，也不是晋文公小气，为了争夺霸权，势必要向外扩张，有这样现成的机会和理由，怎能不借机进行讨伐呢？

正当大家一筹莫展之际，佚之狐沉声对郑文公说："现在我郑国处于风雨飘摇之际，必须派一个能言善辩之士去见秦君，劝秦军退兵。能担此任者，非烛之武莫属。如果他能去见秦君，秦军一定会退走的。"郑文公听完，一脸茫然，谁是烛之武啊？转念一想，眼下郑国危如累卵，只要这个烛之武能力挽狂澜，他是谁又有什么重要？于是赶紧点头同意，请这个名不见经传的烛之武来大显神威。

不久，一个白发苍苍的老人出现在郑文公面前，郑文公暗想：这就是烛之武？这个走路都蹒跚的老头能像佚之狐说的那么神吗？郑文公狐疑着提出了请求，烛之武轻轻摇摇头，推辞说："下臣少壮的时候，尚且不如别人；现在老了，更难有所作为了。"郑文公一听烛之武的言谈，知道自己小看了眼前的老人家，诚恳地说："我没能及早任用您，现在形势危急而来求您，这是我的过错。然而郑国被灭，对您来说也不利啊。"烛之武怎能不知"皮之不存，毛将焉附"的道理，只是满腹经纶而饱受冷遇，怀才不遇而荒度半生的际遇，让烛之武如鲠在喉，不吐不快。国难当头之际，深明大义的烛之武又怎么会置之不理呢？烛之武郑重地向郑文公点点头，转身离去。这一去前途未卜、生死难料，然而这个被郑国漠视了大半生的忠义之士，用他老弱的身躯义无反顾地担起国家兴衰的重任。

夜里，临危受命的烛之武孤身出城。郑国被围，已无法通过城门出城，只能用绳子将他从城头吊下城去。高高的城墙、摇荡的绳索、白发的老者，这一画面凝固在历史的记忆里，无声地诉说着悲壮。终于，烛之武来到了秦穆公面前。面对野心勃勃的秦穆公，烛之武知道与其苦苦哀求，不如设法离间。主意打定，他便不卑不亢地对秦穆公说："秦、晋两国包围郑国，郑国已经知道自己要灭亡了。越过别人的国家而以远方的土地作为自己的边邑，您知道这是不容易的。哪里用得着灭掉郑国来给您的邻国增加土地呢？邻国实力的加强，就是君王实力的削弱。"烛之武的话让秦穆公不由得对眼前这个一阵风就能吹倒的老头子刮目相看，原以为郑文公特意半夜派个老头儿来博取同情，以达到求和的目的。没想到这个老头儿还挺厉害的，居然几句话就戳到了自己的心窝。秦穆公何尝没有这样的顾虑？只是不想轻易破坏了秦晋之好，况且自己有恩于晋文公，对晋国总是抱着一些幻想，但眼前老者的话让他不敢再自欺欺人，中原逐鹿，谁会让着谁啊？

烛之武见秦穆公的神色从不屑一顾到若有所思，知道自己的话说中了他的心事，心中暗暗一喜，继续说道："若舍郑以为东道主，行李之往来，共其乏困，君亦无所害。"意思就是说，如果君王您赦免郑国，以郑国为东路上的主人，贵国使者往来，我国供应他所缺少的一切东西，这对君王又有什么害处呢？烛之武看着秦穆公愈发专注的神情，继续说道："再说君王曾经给晋国国君以恩赐，晋君答应过给您焦、瑕两地，但他早晨渡河回国，晚上就筑城防卫，这是君王所知道的。晋国哪有满足的时候？已经在东边向郑国扩张领土，又要肆意扩大它西边的土地。如果不损害秦国利益，他还能到哪里去取得土地呢？您现在的所作所为，损害秦国而有利于晋国，请君王您考虑是否值得。"因为对局势的准确掌握和对世事的深刻洞悉，烛之武是处处站在秦国的立场上进行考虑的，又诱之以利，巧妙地离间了秦晋之间的合作关系。秦穆公对这番话深为赞同，自己何必干那搬石头砸脚的事呢？不如和郑国结盟，这样既可以牵制晋国，又可以给秦国带来好处。便很高兴地与郑国人结盟，派遣杞子、逢孙、杨孙帮助郑国戍守，并下令全军班师。秦兵退兵便意味着郑国的危机解除，烛之武知道自己至此可以功成身退了。

果然，晋军得知秦军已退，也跟着撤军回国了。当子犯听说秦穆公单方面撕毁了协议，很是恼火，向晋文公请求追击秦军。与子犯的莽撞相比，晋文公深思熟虑得多，他及时阻止了子犯，并对他说："不行。如果没有秦穆公的帮助，我们就不会有今天这个地位。得到过别人的恩惠，反而去伤害人家，这是不仁；失去友好邻邦，这是不智；用动乱代替和睦，这是不武？如此不明智的事，我们怎么可以做呢？我们还是回去吧。"晋文公也离开了郑国。

国破家亡的危机，就这样被烛之武用寥寥数语在顷刻间化为无形。烛之武用智慧和勇气，在暮年成就了自己人生的辉煌。也许岁月无所谓蹉跎，只要一直有所为、不虚度，不必为他人的冷落轻视而愤愤不平。人们总是习惯仰视比自己强大的人，我们要做的是让自己一天比一天强大，将自己打磨成真正的强者，不为别人艳羡的目光，只为不辜负自己的人生。

晏婴——学习晏婴好榜样

晏婴，又称晏子、晏平仲，是齐国上大夫晏弱之子，辅佐齐灵公、齐庄公、齐景公三代国君，为春秋后期重要的政治家、思想家、外交家。传说晏婴五短身材，貌不出众，但这个其貌不扬的小个子却以其完美的人格名显诸侯、千古流芳。晏婴为人机智，能言善辩，尚俭恶侈，谦恭下士；内辅国政，屡谏齐君；出使列国，不辱使命。

晏婴的事迹，我们并不陌生，如“晏子使楚”、“二桃杀三士”，这些带着传奇色彩的故事令人对他的智慧与诙谐印象深刻。《左传》中对晏婴的刻画更重在其远见卓识、忠君爱国、廉洁无私的完美人格上，描写主要集中在晏婴对齐国国君评价与劝谏及对齐国内政外交的看法上，从中可以看到晏婴在政治上的高瞻远瞩、外交上的随机应变、生活上的节俭朴素。

左氏对晏婴颇为偏爱，对其言行记载较多，我们因而可以较为充分地领略到晏婴的人格魅力。晏婴与春秋时期其他名臣贤相相比，令人格外钦佩的还不是他的机智、善辩，而是他节俭自律的高尚情操。晏婴在《左传》中第一次出现就让人见识到了他的简朴风格。公元前556年，晏婴之父晏桓子去世。晏婴穿着粗布丧服，披麻戴孝。不只如此，晏婴每天只喝粥，还住在简陋的草棚里，夜晚睡在草垫子上，枕着用草做的枕头。他的家臣觉得晏婴太刻薄自己了，没听说别的大臣也像晏婴这样的，就对晏婴说：“您这样不符合大夫的礼仪。”晏婴知道家臣的心意，淡然笑说：“具有卿身份的人才是大夫，才能行大夫的礼仪，我不是。”守节尽孝的晏婴已令人刮目相看，而拒绝接受作为封赏的六十个城邑的举动，更令人由衷钦佩。

公元前545年，庆氏逃亡后，因崔氏之乱而出逃的公子们都被召了回来，归还给了他们原来的封邑。同时齐景公赐给晏婴六十个城邑。这样求之不得的好事，晏婴却不肯接受。子尾很不理解，问晏婴说：“富有，是人人所希望得到的。为什么独独您不要呢？”晏婴回答说：“庆氏的城邑满足了他的欲望，所以逃亡。我的城邑不能满足欲望，加上邶殿的城邑，就满足欲望了。满足了欲望，离逃亡就没有几天了。”子尾似懂非懂，心想晏婴和庆封也没什么可比性啊？晏婴怎么会落到逃亡的地步呢？晏婴继续说道：“逃亡在外边连一个城邑都不能主宰。不接受邶殿，不是讨厌富有，而是害怕失去富有啊。人的欲望是无限的，过分满足欲望，会使人贪婪，贪婪就会带来祸患，祸患会使人失去已经拥有的东西。”子尾终于明白晏婴为什么不要城邑了，不由得对晏婴更加崇敬，并效法晏婴，将齐景公赐给自己的城邑，全部还了回去。齐景公由此认为子尾忠诚，所以对子尾很宠信。

在唾手可得的财富面前，尤其是这财富来得合理合法，还能如此淡定而理智，实在是令人佩服。或许正因为晏婴的这种尚俭恶侈的品质，使他能安贫乐道。晏婴不仅能冷静地拒受封赏，而且就连君王特意趁他不在家而偷着为他建造的新居，他都不要，非要住他自己的小破房。晏婴居住条件的恶劣，一直让信赖他的齐景公深感不安。齐景公总想为晏婴更换住宅，就对晏婴说：“您的住宅靠近市场，喧闹多尘，潮湿狭小，怎么能居住呢？请您换到高爽明亮的房子里去吧。”晏婴辞谢说：“君王的先臣住在这里，下臣不足以继承先人的德行，住在这里，对下臣来说已经是过分了。而且小人住得靠近市场，可以随时得到所需要的东西，这就是小人得到的好处啊，岂敢麻烦邻里大众为我造新房子。”

齐景公笑着说：“您住得靠近市场，知道东西的贵贱吗？”晏婴回答说：“既然以它为利，哪能不知道呢。”景公问：“什么东西贵？什么东西贱？”当时，齐景公滥用刑罚，百姓深受其害，有很多人受到惩罚被砍掉了腿，街市上因而有不少装假肢的人，所以晏婴回答说：“假腿贵，鞋子贱。”齐景公知道晏婴是在暗示其行为有失，因此就减少了刑罚。这就是晏婴的机敏，善于因势利导地巧妙地进行劝谏，根据君主的特点和心境来采取不同的劝谏方式，实现劝谏的目的。因为晏婴看似无心实则有意的一句话，齐景公减省了刑罚，百姓获得了好处。如果不是忠君爱国之臣，不是胸怀百姓忧喜，怎能如此随时随地地劝谏，怎能以国相之尊甘心居于闹市？

齐景公心生敬意之余，更不忍心让这位忠臣良相生活得那样清苦。公元前539年，趁着晏婴出使晋国，齐景公更换了晏婴的住宅。等晏婴回国时，新房子已经完工了。齐景公本以为这下晏婴就没有办法推辞了，谁知晏婴拜谢景公以后，就拆毁了新房而建造邻居的房屋，恢复成与原先的一样，并让原来的邻居搬回来，之后对众人说："谚语说：'不是建住宅需要占卜，需要占卜决定的是该与谁为邻。'各位已经都是先占卜过的适合做邻居的人，违背占卜的结果是不吉利的。君子不去做不合礼的事情，小人不去做不祥的事情，这是自古以来的制度，我怎么敢违背它呢？"最终晏婴又恢复了旧居，齐景公的一番好意又付之东流。齐景公不甘心，怎么也不允许，晏婴只好托陈恒子代为请求，齐景公这才心不甘意不愿地准许了。古往今来，"找关系"请国君收回成命的多，但像晏婴这样"找关系"请国君对自己别那么好的，能有几人？对君王的恩赐不理所当然地照单全收，已算清廉。晏婴能以国相之尊安于清贫，不只是情操高尚，更有着特立独行的风格。

这就是晏婴为人处世的风格，既灵活又有原则。忠君爱民是为官者应尽的本分，简朴廉洁是为官者应有的自律，谦恭机智是为官者应有的能力。晏婴，这个古时贤相，依旧是千载之后为官者的榜样。

奸佞之臣

公孙阏——暗箭伤人的美男

公孙阏，字子都，春秋时期郑国的大夫。此人不仅武艺超群，而且相貌英俊，号称春秋第一美男。这美男名号或来自《孟子·告子上》“至于子都，天下莫不知其姣也。不知子都之姣者，无目者也”中亚圣孟子的赞美；或来自《诗经·郑风·山有扶苏》“不见子都，乃见狂且”的痴心吟唱。

在《左传》中，公孙子都只亮相了一回，让人“惊艳”的不是他的俊美，也不是他高超的武艺，而是他的小心眼。他的小心眼可非同一般，气量狭小的公孙子都竟能因自己的一时得失，罔顾他人性命、罔顾国家利益。

公元前712年的夏天，鲁隐公和郑庄公在郲地会面，两位国君碰面可不是为了一起避暑聊天增进感情，而是为了研究怎么攻打许国。制定完作战方案后，两人各自回去做战前准备。既然要打仗，武器是一定要准备的。将要进攻许国时，郑庄公在太祖庙内分发武器。估计那时候的武器装备不太精良也不太富足，各位将领都摩拳擦掌地立于太庙之中，希望自己能分到最好的武器装备。这些装备中，有一辆兵车最引人注目，这辆车不仅配有新式装备，而且外观美轮美奂。这样的兵车既有利于作战，又能彰显尊贵身份。大家虽然都希望能分到这辆车，但是也知道不是谁都能配得上这辆车的，所以分配这辆车时并没出现一拥而上的热闹场面。只有两个人跃跃欲试，这便是颍考叔和公孙阏，两人都是郑庄公的宠臣。一个以“掘地见母”的智慧抚平了郑庄公的忧伤，一个以“第一美男”的称号闻名天下。大家一看这两个人争夺兵车，知道自己肯定没戏了，便带着看热闹的心态，等着看两人谁胜谁负。

颍考叔不愧是智者，来了个先发制人，抢身向前，把车辕往胳膊底下一夹，撒腿就跑，这一溜小跑跑得飞快，哪里还有当日给郑庄公出主意时的智者风采。公孙子都这个一直被人宠着的美男，没想到会有人和他抢东西，更没想到颍考叔会使出这样的招式，待反应过来后，立马拔出戟追了上去，一直追到大路上，也没有追上颍考叔。这可把公孙子都气坏了，俊俏的脸一片绯红：颍考叔你有本事就和我比一比高低啊？跑得快算什么能耐？帅哥在那儿气得不得了，大家倒是都不以为意，难得一见的事，一下见到两桩，颍考叔一向以温文尔雅的智者形象示人，没想到也有这么“调皮”的一面，实在是有趣得很；公孙子都一向以玉树临风的优雅形象出现，没想到也有这么“失态”的一面，却也别有一番味道。事不关己高高挂起的众人含笑看着这出乎意料的场面，虽然现场有持械行为，但并未造成伤人后果，两人又都是郑庄公的宠臣，此事大家也就一笑置之地过去了。

这年秋七月，鲁隐公会合齐僖公、郑庄公攻打许国。初一日，三国联军会合军队迫近许城。郑国军队中冲出一员猛将，不是别人，正是当日抢到最酷兵车的颍考叔，看来这辆战车还真起了作用，今日的颍考叔格外英勇。原来颍考叔不只是能言善辩、智慧过人的文臣，也是一员能征善战的武将。颍考叔手持郑庄公的旗帜“蝥弧”率先登上城墙。蝥弧一枝独秀地出现在许国的城墙上，显示了郑国的军事实力和军威，比之齐鲁两国来说，已是略胜一筹了，这是很给郑庄公争面子的事，城下的郑军士气大涨，一片喝彩声中，只有一个人气鼓鼓地瞪着颍考叔。

此人就是帅哥公孙子都，子都本就为颍考叔抢走兵车一事愤愤不平，觉得那样威武的战车只有他这样才貌双全的人才配使用，而不是颍考叔那个只会跑、只会耍赖的人。如今这个只会跑的颍考叔居然第一个冲上城去，又跑了个第一！这让子都更加无法忍受，如果不是颍考叔抢到了那辆战车，他怎能有机会第一个登城？这个又可恶又可恨的颍考叔，不仅抢了他的兵车，还抢走了他的风头。思及此，子都是怒从心中起，恶向胆边生，于是举起手中的箭，瞄准、发射，只是他的目标不是敌人，而是站在城头高举“蝥弧”的颍考叔。子都除了容貌俊美无俦外，箭法也很不一般，百发百中。城头上还犹自欢喜的颍考叔被子都那带着复仇之火、嫉妒之焰的箭射中，摔下城来，死了。公孙子都报了夺车之恨，脸上这才露出得意的笑。子都的仇人死了，郑国的军旗“蝥弧”无人举了，倒了。一时间，郑军大乱，好在这时郑国的另一猛将瑕叔盈赶到，他又举着“蝥弧”冲上城头，用力向四面挥动旗帜，大喊说：“国君登城了！”郑国军队再一次热血沸腾，呐喊着全部登上了城墙。初三日，攻入许都，占领了许国。许庄公逃往卫国。

郑国这一战大获全胜，欢庆之时，想起首功之臣颍考叔已经不幸为国捐躯，大家不由得面带悲戚之色，郑庄公更是心痛不已，自己的爱将就这么死了，与其说是为国而死，不如说是为车而死；与其说是英勇阵亡，不如说是无辜受难。这支夺取颍考叔性命的箭为何不是许军所射，偏偏是自己的宠臣公孙子都所发？郑庄公有心为颍考叔报仇却又舍不得杀掉子都，子都死了，颍考叔也不能活过来了，岂不是又失一员爱将？在郑庄公心里，漂亮任性的子都像一个被宠坏了的孩子，这么好看的人，谁忍心对他进行挫折教育呢？相貌堂堂的子都一直在赞美和倾慕的目光中生活，所以他受不了别人与他争锋。然而，不杀子都，别说是自己不安，也难平众怒啊！毕竟子都是为了自己的个人恩怨暗箭伤人，置他人性命于不顾、置国家大局于不顾。

最终，郑庄公没能痛下杀手为颍考叔报仇雪恨，而是命令士兵们贡献公猪、狗和鸡用以祭神，来诅咒射死颍考叔的凶手。郑庄公的做法无异于包庇公孙子都，此举丧失了政治和刑法的原则。缺乏符合道德的政治，又没有令人威慑的刑法，才会发生邪恶的事情。发生了邪恶的事情不加以匡正而加以诅咒，于事又有何益呢？那被诅咒的美男，不知会不会良心不安呢？我们却透过那英俊样貌，看到了其卑鄙的灵魂，原来没有道德的美貌和才能是如此媚惑，如此危险。

伯州犁——上下其手藏心机

伯州犁，春秋时期楚国的政治人物，历仕楚共王、楚康王、楚郏敖、楚灵王。伯州犁本为晋国人，乃伯宗之子。伯宗是晋国的贤人，公元前576年，伯宗被三郤杀害，伯州犁逃亡至楚国，在迫不得已的情况下成为屈节易主的贰臣。

身为贰臣，大多数时候伯州犁行事还是不卑不亢、光明磊落的，但有些时候为了自身的利益和发展会有一些为正人君子所不屑的举动。伯州犁暗藏心机的“上下其手”就是此等行为。

公元前547年，楚、秦联兵偷袭吴国，到达雩娄的时候，得到消息说吴国已有了准备，秦、楚联军只好悻悻带兵返回，两国军政主官一商量，觉得无功而返，挺没面子的，就决定乘机入侵郑国。五月，到达城麇。在城麇戍守的是郑国的皇颉，他此时正在城中享受平静的美好生活，忽听手下人报告说兵临城下，吃了一惊，赶紧整装出城迎战。和楚军打了一仗，没打过人家，被穿封戌给逮住了，成了俘虏。

心惊胆战的战争结束了，该进行令人激动的论功行赏环节了。穿封戌汇报完自己俘获皇颉的光荣事迹，大家正准备报以热烈的掌声，公子围突然站起来，说："且慢！且慢！皇颉明明是我抓到的啊！"此言一出，大家举着手，不知是该鼓掌，还是该放下，一个个面面相觑，不知所措。穿封戌一听，气得脸红一阵、白一阵，这公子围分明是在和他争功啊，大有要海扁公子围的架势。众人担心一旦打起来，又是一场小规模战役。其实俘虏是谁抓的，和大家没什么关系，是谁都一样得鼓掌不是？但这两个人要真打起来，穿封戌再把公子围给打趴下了，公子围好歹也是个王子啊，好说不好听的，大家就都脱不了干系了。不行，得想办法制止。于是大家不约而同地想到一个人——伯州犁。伯州犁能说会道，他就是主持"公正"的最佳人选了。

伯州犁一听，不由得皱起了眉头，据他的观察以及对公子围的了解，这俘虏八成是穿封戌抓的，但现在骑虎难下，也不能指着公子围的鼻子说"你是个骗子，你说谎"啊！自己一个贰臣，得罪了王子殿下，还想不想在楚国好好混了？想到这一层，他计上心来。伯州犁说："这个问题询问一下俘虏就可以真相大白了。"众人一听，纷纷称是，还是伯州犁有办法。

俘虏皇颉被押来站在阶下。本来他在旁边安安静静地当着俘虏，想听听人家怎样处理自个儿。没想到居然有人为了抢自己打起来了，难道自己一个守城的小官有那么重要？心里正忐忑着，听到伯州犁说："所争夺的对象是您，您是位君子，还有什么不明白的吗？”说着高举起手指着公子围说：“这个人是公子围，是寡君的尊贵的弟弟。”然后放下手指着穿封戌说：“这个人是穿封戌，是方城外的县尹。请问，是谁俘虏了您？”伯州犁比比画画地说完这番话，心里也七上八下的，生怕对面那个皇颉看不懂他的心言手语。

这皇颉也是个玻璃心肝水晶人，刚才看了伯州犁的一番带着“动作要领”的人物介绍，心里已经明白了，自己一个阶下囚没必要为了敌人的“家务事”丢了脑袋，他们是非不辨打起来更好，也出出自己这口晦气，便回答说：“我碰上王子，抵挡不住，因此被擒。”皇颉的回答让伯州犁暗暗地长出了一口气，心又回到了它应该在的位置。众人也如释重负，只有受了不白之冤的穿封戌怒发冲冠，抽出戈来追赶公子围。

公子围为了抢功说了个谎，以为穿封戌会忍气吞声，可没想到人家根本不买账，还差点揍他，好在他的王子身份压住了场。可是伯州犁又叫来了俘虏认人，这要是皇颉说了实话，他不仅功劳没抢上，还得把脸面丢尽。幸好有惊无险！听到答案的那一刻，公子围都挺意外的，正想偷着乐，结果看到穿封戌正对自己怒目而视，两条腿立刻做好了“跑步走”的准备，所以穿封戌执戈追了半天也没追上。伯州犁“上下其手”的暗示法，平息了一场风波，楚国人带着皇颉回国。

伯州犁的这一手法，或许是出于人趋利避害的本性，或许是出于贰臣身份的无奈之举，但终归是小人之作为。这种暗示手法虽透着机智，却以掩盖事实真相为出发点，造成黑白不分、伤害无辜的结果。伯州犁这种陷害他人、保全自己的行为，虽然获得一时之利益，但是最后往往失去得更多。尽管伯州犁在各种场合维护公子围，但终究没有被公子围视作亲信。公元前541年，公子围借进宫问候楚王的病情之机，勒死了楚王，并乘机杀了楚王的两个儿子幕和平夏，同时派人在郏地杀死了太宰伯州犁。公子围即位，为楚灵王。

伯州犁曲意逢迎公子围，却不得善终。而那个和公子围争功的穿封戌却被楚灵王任命为陈公，别人问起因由，楚灵王说："在城麇的那次事件中，他不谄媚。"穿封戌陪楚灵王饮酒，灵王问："城麇那次事件中，你如果知道寡人会到现在这个地位，你大概会避让我吧。"穿封戌回答说："如果知道君王会到这个地位，下臣一定会拼死杀您，以安定楚国。"楚灵王看着穿封戌哈哈大笑："穿封戌就是穿封戌啊……"

人生在世何谓智，何谓愚？何谓得，何谓失？平凡如你我，既然没有伯州犁"上下其手"的心机，何不就做个穿封戌那样坦坦荡荡的老实人？

祭仲——明哲保身的权臣

祭仲，春秋时期郑国的大夫，以智虑过人著称，堪称谋略家、政治家。明哲保身，是祭仲的性格中最鲜明的特点。目光敏锐、有远见卓识的祭仲对事情分析透辟，他善于出谋划策，却不是那种直言进谏的诤臣。在面临危机时，他虽不会置身事外，但会首先保全自己；面对残暴的君主时，他虽不会屈节易主，但会操控局势，大权独揽。

祭仲第一次出现在《左传》中，就显现出不凡的见识。这时候是公元前722年，郑庄公对自己那偏心的母亲武姜一次次让步，使其弟共叔段的势力越来越大，祭仲对此深感忧虑，劝郑庄公及早做打算，以免滋生事端，难以收拾。但郑庄公认为共叔段迟早会"多行不义必自毙"，引而不发。祭仲便不再多说了。后来果然发生了共叔段之乱。初识祭仲，在对他的先见之明佩服之余，也对他那明哲保身的性格有了最初的认识。

郑庄公虽然当时没有采纳祭仲的建议，但很赏识其才干，对祭仲不断委以重任。凭借郑庄公的宠信，祭仲成为卿大夫，手中的权力越来越大。公元前701年，郑庄公去世，祭仲遵从郑庄公遗命立太子忽为国君，即郑昭公。如果没有发生此后的“被胁立庶”的事件，祭仲可能还是治世之能臣，而不会变成弄权之专臣。

“被胁立庶”事件中的“庶”指的是公子突，即郑厉公。当年宋国的雍氏把女儿雍姞嫁给郑庄公，雍姞生了公子突。雍氏在宋国很有声誉，并受到宋庄公的宠信。如今见郑昭公初立，根基未稳，又没有大国支持，而祭仲作为郑国执国政的大臣，其决定有很大的影响力，便诱骗祭仲到宋国，把他抓了起来，威胁说：“如果你不立公子突为国君，那就只好杀死你了。”祭仲本来就是最会明哲保身的，虽然他和郑昭公有些渊源。当初是祭仲为庄公娶邓曼为夫人，邓曼生了昭公，因此祭仲立昭公为国君，但此时若仍坚持立昭公，不仅自己的性命难保，昭公也可能性命堪忧。思及此，祭仲不由得暗暗埋怨郑昭公不听自己的建议。郑昭公打败北戎的时候，齐侯打算把女儿嫁给他，昭公辞谢了。祭仲当时提醒道：“您一定要娶她。国君宠爱的姬妾很多，您如果没有强大的外援，将难以继承君位。其他三位公子，都可能立为国君的。”可是昭公没有听从。不想当年的话，竟一语成谶。祭仲心里多少有些后悔，如果当初自己能力谏太子忽，而不是明哲保身地点到为止就好了。听说雍氏还抓了公子突索取财货，看来宋国人是一定要立公子突了。面对危机，祭仲的自我保护机制开始启动。他心想：不是我存心违背庄公遗命，实在是迫不得已。再说不论谁当国君，不都是姬姓子孙吗？自己也都会尽心辅佐的。祭仲决定与宋国人结盟，让厉公回国而立他为国君。祭仲另立国君的事传回郑国，郑昭公知道后逃亡到了卫国。郑厉公就这样被立为国君。自此，郑国进入了一段频繁易主的时期，祭仲也开始了他的专权生涯。

公元前697年，祭仲专权擅政，郑厉公对他既忌惮又不满。虽说自己以庶子的身份得到君位，很大程度上得力于祭仲的相助，但郑厉公又怎能不知祭仲是出于被逼无奈才立自己为君的，祭仲对他也一直心存芥蒂，故而大权独揽。于是郑厉公和祭仲的女婿雍纠悄悄商量，想将祭仲杀掉。两人定好计划，准备由雍纠在郊外宴请祭仲，趁机下手除掉祭仲。

这件事被雍姬知道了，她不知该怎么办，就去问她母亲："父亲与丈夫哪一个更亲近？"她母亲说："任何男子，都可能成为一个女人的丈夫，父亲却只有一个，怎么能够相比呢？"母亲的话给了雍姬行动的方向，于是雍姬就告诉祭仲说："雍纠不在家里而在郊外宴请您，我难以理解，所以特此来告诉您。"祭仲闻言，出了一身冷汗，这雍纠居然想杀我！他是我的女婿，不会无缘无故动此念头，定是有人怂恿指使，最大的可能就是厉公！祭仲先下手为强杀了雍纠，将他的尸体暴露在周氏的池塘边。郑厉公得到雍纠被杀的消息，知道计划失败了，祭仲不会轻易放过自己，于是把雍纠的尸体装在车上，逃亡到蔡国。不久，郑昭公进入郑国。

郑昭公即位后，郑国的另一个权臣高渠弥担心昭公会杀掉自己，就杀死了昭公而立公子亹。昭公与高渠弥的仇怨是在庄公时代的事了。当初，郑庄公准备任命高渠弥做卿，昭公讨厌他，坚决劝阻，郑庄公不听从。当年的一段恩怨，如今断送了昭公的性命，也不知是该佩服昭公的识人之准，还是感慨于高渠弥的心狠手辣？

郑国的政坛并没有从此而平静。公元前694年，齐襄公率领军队驻扎在首止。子亹前去会见，高渠弥为首席随员。由于齐襄公与子亹曾有过节，而齐襄公并不是一个心胸开阔的仁主明君，祭仲建议子亹取消行程，可是没有被子亹采纳。出发时，祭仲假称有病，没有随行。果然，齐襄公在盟会上杀死子亹，并把高渠弥五马分尸。这就是有先见之明的祭仲，这就是祭仲明哲保身的性格。

郑国又一次失去了国君，权臣祭仲到陈国迎接昭公之弟子仪回国，将他立为国君。短短几年间，郑国国君几度易人，这与祭仲有着或直接或间接的关系。

祭仲的才智、祭仲的专权，最主要的目的都是保护自己的生命和权力。如果不是身处危机和险境，他可能是一位良相贤臣。他虽然不是乱臣贼子，但他明哲保身的性格使他在危机来临时但求自保，而为求自保使他不惜放下礼义道德成为攫取权力的专臣。对于身逢乱世的祭仲来说，这或许也是无可奈何之事吧。

崔杼——横行半生悬梁死

崔杼，又称崔子、崔武子，春秋时期齐国大夫，后为齐国执政。崔杼是历史有名的乱臣贼子，一生过得甚是“精彩”。他年少得宠，无罪被逐；权倾朝野，亲立两君；一意孤行，迎娶棠姜；心狠手辣，弑君杀史；家破人亡，自缢而亡。心机深沉而刚愎自用，手段狠毒而识人不明致使崔杼横行半生，最终凄凉收场。

《左传》对这个乱臣用墨不少，意在谴责其暴虐无道，其中以崔杼弑君最能见其奸臣本性。说起来，崔杼和齐庄公之间真是纠结。齐庄公名光，一直是齐国的太子，因公子牙之乱被废。公元前554年，趁着齐灵公生病，崔杼偷偷地把公子光接回来，在齐灵公病危之时，将公子光立为太子。公子光凭借崔杼之力成为齐君即齐庄公，这使齐庄公对崔杼极为信任，君臣关系一度极为亲密。但两人同时迷恋上同一个女人——棠姜，成了两人关系的转折点。他们君臣二人因为这个女人反目成仇，或者说这个女人引发了君臣之间长久以来深藏的不满。

棠姜原是一个美艳的寡妇。她是齐国棠公的妻子，东郭偃的姐姐。东郭偃是崔杼的家臣。就因为这层关系，这个美人和崔杼有了交集。棠姜的老公棠公去世，姐夫死了，总要去吊唁一下啊，东郭偃准备去送送姐夫、看看姐姐。棠公是齐国大夫，崔杼作为齐国执政大臣也要去例行一下公事。于是，东郭偃为崔武子驾着车，两人一起去棠公家吊唁。主客彬彬有礼地相见了，崔杼惊喜地发现眼前这个哭得梨花带雨的女子是如此之美，瞬间被棠姜的美丽所征服。在棠公尸骨未寒的灵堂上，崔杼做了一个决定——我要娶这个美人。崔杼让东郭偃为他把棠姜娶过来。东郭偃一听吓了一跳，心想，这是我姐姐太有魅力了，还是崔杼太色迷心窍了？他劝道："男女婚配先要辨明姓氏。您是丁公的后代，下臣是桓公的后代，同姓不婚啊！"崔杼便让人占卜，史官都说"吉利"。只有陈文子实话实说："丈夫跟从着风，风把妻子吹落，不能娶啊。而且它的爻辞说：'为石头所困，据守在蒺藜中，走进屋，不见妻，凶。'这意味着要无家可归啊！"崔杼占卜就是为了找个光明正大的理由娶棠姜，哪里还听得进去陈文子的好言相劝，说："她是个寡妇，有什么妨碍？即使有，她死去的前夫已经承担了这凶兆的结果了。"刚愎自用的崔杼最终还是娶了棠姜为妻。

宠臣娶了新妇，齐庄公自然要去贺喜，以示君臣之亲近。与崔杼品味趋同的齐庄公同样被艳光四射的棠姜迷倒了。如果不是被崔杼捷足先登，庄公很想将这个风情万种的娇娘娶回宫去。迟到的后果就是只能眼巴巴地看着，只是庄公越看越心痒难耐，终于齐庄公和棠姜暗通了款曲。频频出入崔杼家的齐庄公还把崔杼的帽子赐给别人。侍者劝他说："不能这样。"齐庄公不以为意地说："不用崔子的帽子，难道就没有帽子了？"崔杼由此怀恨齐庄公，心里骂着：我帮你成为国君，你就这样回报我？我冒着大凶之危娶来的美娇娘，却让你占了便宜，占了便宜还卖乖，把我的帽子送人是什么意思？嘲笑我？瞧不起我？你不仁，休怪我不义！崔杼蛰伏的杀机开始蠢蠢欲动，加之两人政见不和，崔杼弑君之心更加强烈。齐庄公乘晋国的动乱而攻打晋国，崔杼认为晋国必然会来报复，就想要杀死齐庄公来讨好晋国，但苦于一时又没有下手机会。

公元前548年，莒子到齐国朝见。齐庄公在北城设飨礼招待他，崔杼推说有病，不来。齐庄公去探望崔杼，乘机又与棠姜调笑。姜氏进入内房，和崔杼一起从侧门走了出去。齐庄公敲着柱子高兴地唱着歌，他还不知道这是他人生的最后一支歌了。他还在回味着棠姜妩媚的笑容，完全没发觉危险正悄悄临近，侍人贾举挡住庄公的随从入内，自己走进去，关上了大门。这意味着齐庄公的生路被关在了门外，而死亡则留在了门内。齐庄公曾鞭打过贾举，后来又与贾举亲近，贾举心存怨恨，所以为崔杼找机会杀死齐庄公。当埋伏的甲士们一哄而起，当面对一把把明晃晃的刀剑，齐庄公才知道所倚重的崔杼竟要置自己于死地。齐庄公登上高台请求免死，甲士不答应；请求去太庙自杀，还不答应。甲士们都说："君王的下臣崔杼病得厉害，不能来听从您的命令。这里靠近君王的宫室，陪臣们只知道搜捕淫乱的人，此外不知道有其他命令。"齐庄公无计可施，爬墙逃命，有人射了他一箭，射中了他的大腿，庄公向后跌倒，掉在墙内。甲士们一拥而上把他乱剑砍死。堂堂一国之君就这样毫无尊严地被杀死了。齐庄公虽有过，但罪不至死，况且崔杼作为相国，不加规劝而纵容其不当之举，全然未尽为人臣之职责。

崔杼不仅杀死了齐庄公，还杀死了一批追随齐庄公的忠臣义士，并连杀三位秉笔直书其罪恶的史官。崔杼对已死去的齐庄公也无半点敬意，他没有把齐庄公的棺材殡于太庙，就放在外城北边，还速葬在士孙之里，不入族墓。葬礼用四把长柄扇，不清道，不警戒，送葬的破车七辆，不用武器盔甲随葬。这不符合诸侯丧礼标准的葬礼，再一次显示出崔杼的无德、无道。君三请，而无动于衷；臣无过，而痛下杀手。连诛史官，胆大妄为；违礼葬君，肆无忌惮。一桩桩、一件件，皆见崔杼为人之狠毒残忍、暴虐无道。

横行霸道的崔杼最终犯了和齐庄公同样的错——所信非人。他视之为股肱、委之以腹心的庆封害得他家破人亡。公元前546年，庆封以帮助崔杼平息崔氏之子所发动的动乱为名，夺取了他家里全部的人口和财物。崔杼的两个儿子死于动乱，他美艳的妻子棠姜上吊自杀。无家可归的崔杼也悬梁自尽了。这一切竟如当初娶棠姜占卜所得爻辞一样，终落得无家可归的凄凉下场。

仿似天理循环、报应不爽一般，和齐庄公一样不得善终的崔杼死后也未得到原谅。公元前545年，崔杼所立的另一位国君齐景公派人求取崔杼的尸体，准备戮尸，没找到。但过了不久，崔氏的家臣说："把崔杼的大璧给我，我献出他的棺柩。"齐景公答应了，于是找到了崔杼的尸体。十二月初一日，齐国人迁葬庄公，停棺在正寝，把装着崔杼尸体的棺材放在街上示众。

三

衣香鬓影女人心

晏平仲二桃杀三士（据明末刊本《东周列国志》插图）

兰姿蕙质玲珑心

定姜——有远见卓识的女性楷模

定姜，春秋时期卫国国君卫定公的夫人、卫献公之嫡母，她的身影在《左传》的成襄年间出现了四次。或许相对于王侯将相，她的出镜率并不算高，可这几次出场已经足以让我们领略到一个具才略、有胆识、善识人的美丽女子之风采。在《左传》中，似定姜这样德才兼备的美丽女子并不多见，她几乎成了完美女性的代表。

公元前577年，定姜第一次出现在我们的视野里。这一年的春天，定姜的夫君卫定公到晋国访问。两国君主相见，一番客套过后，晋厉公说："请您见一个人吧，说起来这个人和您也是老相识了，他就是从贵国来我国的孙林父。"卫定公一听就皱起了眉头，面露难色，这个孙林父七年前因为被自己所厌恶而逃到晋国来。虽时过境迁，但还是不愿相见，卫定公便不顾晋厉公的再三要求而坚决推辞不见。然而此事并没有因为卫定公的固执而结束，在卫定公回国后，同样固执的晋厉公派郤犨送孙林父回卫国拜见卫定公。卫定公很生气，想再次拒绝，夫人定姜阻止道："您不能这样做。这个人是先君宗卿的后人，大国又为他再三说情，如果您坚决不答应，将有亡国之危。虽然您讨厌见到他，但总比看到卫国灭亡要好些吧？君王您还是忍耐一下为好，您为安定百姓而宽恕宗卿，这既表明您是一位以国事为重的明君，又表明您是一位心胸开阔的仁君，这又有什么不好呢？”定姜这一番既审时度势又切中要害的言辞顿时将卫定公的一腔怒火化为无形。于是心平气和的卫定公不但接见了孙林父，还恢复了他的职位和封地。第一次亮相的定姜便于寥寥数语之中显示出其高瞻远瞩的大局意识和缜密敏捷的分析能力，三言两语便化解了一国之君的震怒和一触即发的危机，这个女子的才略让人不由得心生敬佩。

定姜的才略不仅让自己的国君老公心悦诚服，也让卫国的一干大夫们信服。如果定姜之子健在，其子必定是当之无愧的太子。然而，人生从来不会尽如人意，所以才会有“万事如意”这样的祝福语，祝福就是希望实现而实际上永远不会实现的痴人说梦。即便是身为女性楷模的定姜，她的人生也并不顺遂。据《列女传》所载，定姜之子“既娶而死，其妇无子”，身为人母，承受失子之痛是何其哀伤！何其不幸！定姜的不幸，却成就了定公之妾敬姒的儿子衎。人生在世各有各的悲喜，“几家欢乐几家愁”微妙地平衡着世间苦乐。这一年，重病在身的卫定公，让孔成子、宁惠子拥立敬姒的儿子衎为太子。

不久病势沉重的卫定公去世。夫人姜氏哭丧间隙休息时，见太子衎神态中毫无哀伤之色，也没有按规定吃粗食饮水。定姜不由得叹息道：“这个人啊，必将会败坏卫国，而我这个未亡人必将最先受害。天哪！这是上天降祸给卫国吧？！使我没能实现让衎的弟弟鱄来做国君的愿望。”大夫们听到后，没有一个不感到害怕的。孙林父从此不敢把贵重值钱的东西放在卫国都城，而是全部放在他的封邑戚地，同时更加密切与晋国大夫们的友好关系。定姜的一句话，就这样轻易地震撼了卫国政坛，不难看出大夫们对定姜判断力的深信不疑，这种信任不是来自定姜君夫人的身份，而是来自于对其才干的由衷钦佩。事实也证明定姜的预言是准确的。

公元前559年，卫国果然发生了动乱。卫献公，即太子衎，被卿大夫孙林父等赶下国君宝座，驱逐至齐国。这个暴虐无道的卫献公逃到边境时，派祝宗向神明报告逃亡之事，同时告称自己无罪。定姜斥责卫献公道："如果没有神灵，报告什么？如果有，就不可欺骗。你有罪，为什么报告说没有？不理会大臣的意见而和小人谋划，这是第一条罪过。先君选有正卿给你做师保，而你却蔑视他们，这是第二条罪过。我是先君的妻子、你的嫡母，而你却待我如同待婢妾一样残暴，这是第三条罪过。这样的你只报告逃亡就算了，不要报告没有罪过！"定姜这番义正词严的谴责，条理明晰，让我们清楚了解到这个为君无道、为人无礼、为子无孝的卫献公，是个于国、于家皆有罪过的人。在定姜声色俱厉的批驳中，她依然把国家的利益放在首位，最后才提及自己所受到的不公正待遇，这就可以看出定姜的品格——凡事以国家为重、以大局为重。

正因为定姜有这样的品格，所以尽管卫献公不曾依礼相待，她也依然无怨无悔地帮助这个不孝之子守护着卫国。公元前563年，郑国在楚国的支持下入侵卫国。孙林父在战前占卜吉凶，把卜兆献给定姜看，请她定夺是否追击郑国的军队。定姜问爻辞怎么样，孙林父回答说："征兆如同山陵，意味着有人出外征战，会丧失他们的英雄。"正是这样的爻辞，让孙林父这个经历过无数重大事件洗礼的卿大夫举棋不定。这看似一目了然的爻辞，其实暗藏玄机，出外征战而牺牲的英雄，既可能是入侵卫国的郑国首领，又可能是追击郑军的卫国主帅。不追击可能错失战机，追击可能损失良将。难以定夺的孙林父希望有远见卓识的定姜能给他指点迷津。定姜听了孙林父的解说，静静思索了片刻后淡定从容地说："出征的人丧失英雄，对抵御敌人的一方有利。大夫请考虑一下吧！"先秦人对爻辞的解释多是断章取义，所谓天命其实还是取决于人的意志。此时定姜所做决断，不是系命于天的莽撞之举，而是审时度势的冷静判断。孙林父从定姜从容不迫的神态和坚定不移的语气中找到了答案。卫国出兵追击郑军，果如定姜所预料的那样，孙蒯在犬丘俘虏了郑国的统帅皇耳。

“国之大事在祀与戎”，通常这样的“国之大事”是与女子无关的，然而紧要关头孙林父不去请示国君卫献公，而是请示身为女子的定姜，这又一次说明定姜对于卫国的政治、军事有着举足轻重的意义。有能力解读爻辞的人，是学富五车的人；有权力解读爻辞的人，是有特殊地位和身份的人，由此再一次印证了定姜的才德兼备。

定姜这个传奇女子，穿越历史厚厚的尘埃翩翩走来，身上笼罩着种种光环，让人几乎不敢正视，我们几乎看不到她眼神中的疲倦和哀伤。对于这个心怀国事、家事的完美女人，谁又把她的心事、她的无奈放在心中了呢？缓缓读来，不仅有敬佩，还有叹息。

僖负羁之妻——慧眼识人的预言家

说起预言家，似乎总让人联想到白胡子飘飘的智慧老人或是手捧水晶球的女巫。预言家的魔力在于能准确地预言未来，但这种神奇的魔力往往并不来自道具或表象，而来自睿智的头脑和善于识人的慧眼。僖负羁之妻就是这样的预言家。

僖负羁之妻，一个没有属于自己名字的女子，能得以青史留“名”，只因她的一双慧眼。慧眼识人的她准确地预言了一位大人物——晋文公重耳的命运。名人晋文公的传奇人生无疑是引人注目的，这位不知名的小女子也无意中在名人效应中得以扬名于世。

话说重耳一行人到了曹国，曹共公听说公子重耳的肋骨和常人不一样，不是一根一根的，而是连成了一片，这让曹共公大为好奇，这没正事的国君不会去想这位与众不同的来访者是不是会在未来成就大事，是不是会在未来影响曹国的发展，只是一心想着偷窥重耳的裸体一探真假。于是，在公子重耳洗澡的时候，曹共公偷偷躲在帘子后面观看。曹共公满足了自己无聊的好奇心，却深深伤害了公子重耳的自尊心。曹共公手下的一名大夫僖负羁，为曹共公无礼的行为感到不安，就劝曹共公说："晋公子重耳是一个贤人，因为一时的困顿投奔到曹国，我们应该善待他。"可是昏聩的曹共公根本听不进去，也没把这话当回事。无可奈何的僖负羁回到家中，神情忧郁，善解人意的妻子问起因由，僖负羁不由得唉声叹气地将曹共公的无礼之举诉说一番，僖负羁的妻子说："我看跟随晋国公子的那些人，个个都足以辅佐国政。有他们在，公子必定能回到晋国做国君。他若回到晋国为君，就一定能实现称霸诸侯的目的。实现了称霸诸侯的目的之后，必然会讨伐对他无礼的国家，那时曹国将是第一个受惩罚的。您何不趁早向公子表示自己同共公完全不同的态度呢！"妻子的一番话让僖负羁眉头舒展、心悦诚服，于是就向公子馈送一盘食物，里边藏着一块玉璧。公子接受食物，退回了玉璧。这无声无息的一来一往间，未来的一代霸主和这位慧眼识英雄的他国之臣，已经达成了默契的关系。公子重耳在饱受曹共公的无礼后，对这份尊重和礼遇深为感激，只是重耳及其智囊团并不知道，这缕温暖其实来自于一个慧眼识人的女子。

在那个群雄逐鹿的纷乱年代，多少聪慧女子被那飞扬的尘土掩去了光彩，她们多半只能是男人背后的女人，借着男人的丰功伟绩书写自己的绝代风华。只是这样的女子也并不多见，僖负羁之妻以其极具预见性的言辞留名青史，也算是幸运之人了。此后的历史像是在佐证僖负羁之妻预言的准确一般，让那些预言一一变为现实——重耳真的回到了晋国为君，真的称霸诸侯，真的讨伐了曹国。

公元前632年，已经成了晋文公的重耳发兵包围曹国，但战事之初，晋国一方并没有多大优势，攻打城门时，很多晋国士兵战死。这些为国捐躯的勇士死后，却并未得到应有的尊重，无德的曹国人把晋军的尸体陈列在城上，炫耀自己的短暂胜利。晋文公为此忧心忡忡，寝食难安。不久有人想出了一个“以其人之道还治其人之身”的办法，晋文公听从了这个计谋，声称将在曹国城外先人的墓地上宿营。晋军军队的转移让曹国人感到恐惧，生怕墓地遭掘，便把他们所得到的晋军尸体装进棺材送出城来。晋军趁机一举攻入曹国。正是“一将功成万骨枯”，无名小卒总在不知不觉间成为历史伟人成功的阶梯，战死的士兵用自己蝼蚁般的生命换来了晋文公的一身荣耀。

晋文公逐条列举曹共公的罪状，说他不重用僖负羁这样的贤士，而做官乘车的大夫反倒有三百人，并且说他当年无礼地观看自己洗澡，现在实属罪有应得。同时下令部下不得进入僖负羁的家，并赦免他的族人，这是为了报答僖负羁当年的恩惠。僖负羁之妻的深谋远虑在这一刻似乎得到了回报，为自己的家人博得一个全身而退的机会。如果故事到这里就是结局，我们或许可以像童话的结尾一般说一句：“从此他们过上了幸福快乐的生活。”只是，童话的美，美得梦幻；现实的美，美得残酷。不是每个故事都有个完美的结局。

攻城的魏犫、颠颉接到了这样的命令，心里很不服气，觉得自己跟随重耳流亡多年，得到的远没付出的多，而僖负羁不过就是给重耳送了一餐美食而已，就受到这般礼遇，于是大发雷霆：“不替真正有功劳或者苦劳的人着想，还说什么报答恩惠呢。”于是两个人冲动地犯下了不该犯的错：放火烧了僖负羁的家。熊熊燃烧的嫉妒之火不但烧毁了僖负羁的家园、烧毁了僖负羁之妻祈盼的幸福平安，也烧伤了魏犫的胸膛、烧伤了晋文公的君威。

火光中，僖负羁之妻的心里百感交集：难道这就是命运？无论你曾怎样慧眼识人，你曾怎样步步为营，都逃不过最终的结局。也许难以逃避的不是命运，只是人性的丑陋。如同难以预测的不是命运，而是人心一般。是漫天大火无情，还是叵测人心更无情？

最终，这场大火熄灭了，两个纵火犯也受到了惩罚——颠颉被杀，通报全军，以正君威。魏犫身受重伤，晋文公想杀他，但又爱惜他的才干，便派人去慰问，并且查看他的伤势。如果伤势严重，就准备杀了他。魏犫毕竟是有勇有谋之人，知道自己犯下大错，使者此来定是别有深意的，于是，挣扎着捆紧胸膛出来会见使者，说："托国君的福，罪臣我难道还敢贪图安逸吗？"说着就向上跳了很多次，又向前跳了很多次。晋文公因此而饶他不死，戴罪立功。

故事至此似乎已是终局了，报恩的恩已报，犯错的终受罚。只是，一切就这样结束了吗？那个慧眼识人的睿智女子最终怎样了呢？她的身影就随着那场大火而消失了，我心中一直有个悬念，多希望史家能给些线索，哪怕是告知她已香消玉殒于火中呢？还可以想象她会化身为浴火重生的凤凰，只是史家何曾有这样的闲情逸致为一个不起眼的小女子多费笔墨呢？

杞梁妻——千古一哭为大义

杞梁妻，顾名思义，乃杞梁之妻，又一个没有自己名字却被历史铭记的女子，这在春秋时代算不得特别，不能吸引我们的目光去关注，毕竟历史记载，并不等于闻名于世。然而，这个无名女子却绝对是个名人，因为她就是传说中那个最善哭的女人——孟姜女，准确地说，她是孟姜女的原型。

孟姜女，一哭二闹三上吊的“典范”人物。一哭二闹三上吊，其实并非女人的无理取闹，而是一个女人无助无望的真实告白：一哭，因为伤情，希望得到关注的目光；二闹，因为伤心，希望得到关怀的心；三上吊，因为无望，希望得到最后的眼泪。爱情至上的女人，因爱而存在，没有爱，一切就都成为死寂。孟姜女无疑是最会用哭来表达哀思、表达悲愤的女人，那千古一哭，哭得肝肠寸断、哭得长城崩塌、哭得名传千古。孟姜女哭的是再难相聚的夫君，恨的是那夺走自己幸福的暴政，失去一切的孟姜女为了与爱人死生相随、为了反抗暴政，投水而亡。这凄美的传说是我们记忆中美丽的爱情故事，为之心伤、为之咏叹。然而，在真实的历史记载中，在故事的原型中，没有哀哭、没有崩城、没有投水，甚至没有忠贞，有的只是郊外吊唁、知礼守礼、深明大义。

公元前550年，齐庄公从晋国回来，不入国境，而是去袭击莒国。齐庄公这一年可真是马不停蹄，攻打了卫国，接着就攻打晋国。这刚从晋国回来，又来攻打莒国，在攻打且于的城门时，齐庄公大腿受伤。国君受伤，众人不敢怠慢，赶紧鸣金收兵。众人建议回国修养，可这个喜欢南征北战的齐庄公不同意，准备第二天再战，约定军队在寿舒集合。

国君已下了命令，有任务的就领命而去。杞梁、华还用战车装载甲士，趁着夜色掩护通过且于的隘道，露宿在莒国的郊外。第二天，战争开始之前，却先与莒国国君犁比公在蒲侯氏不期而遇。齐国为强势大国，相比之下莒国只是个区区小国，既然在战前遇到敌方的将领，没有理由不为自己想方设法地增加几分胜算，莒犁比公大方地送给他俩一笔厚礼，希望他们不要参加战斗，并对两人说："请你们和我结盟吧。这样莒国能少两个对手，两人也能免于受伤。"华还回答说："贪图财货而抛弃国君的命令，这样的臣子是君王您也厌恶的吧。我们昨天夜里才接受了命令，今天没有到正午就丢掉，这样无信无义的臣子怎么来侍奉君王呢？"莒犁比公一听两人态度坚决，便气鼓鼓地拂袖而去，这一气倒激发出了斗志，犁比公亲自击鼓，追击齐军，莒军表现英勇，杀死了杞梁而获其尸。从悬殊的实力上来说，莒国能有此战绩已算辉煌，莒国人据此和齐国讲和，两国战事就此结束。一场无所谓正义的战争，随意地开战，轻易地议和，其间却总有人为此付出代价，而被牺牲掉的不是无辜的兵士，就是杞梁这样忠于职守的正直君子。无义战的春秋，却总有这样令人感慨、敬佩的有信有义之士，唯因乱世更显其高义。

齐庄公终于率军回国了，在郊外遇到了那悲泣着迎接杞梁灵柩的杞梁妻，便派人向她吊唁。如果是现在，我们可能不会觉得有何不妥，反而觉得这是一种体恤、一种关怀、一种慰问。但在春秋之时，齐庄公此举分明是一种无礼、一种轻慢、一种伤害。按照当时的礼仪，地位低贱者受郊吊，杞梁为齐国大夫，郊吊等于在贬低杞梁的身份地位。

杞梁妻本已无限哀伤的心，因齐庄公的无礼之举又狠狠地痛了一次，自己的丈夫为国捐躯，有功于国，不但没受到国君的称许，反而受此冷遇和侮辱，她冷冷地辞谢说："如果先夫杞梁有罪，岂敢劳动国君派人吊唁？如果能够免罪，那还有先人的破屋在那儿，请恕下妾不能在郊外接受吊唁。"

齐庄公被杞梁妻的这番不卑不亢、合情合理的话"教育"得脸上一阵红、一阵白，自己身为一国之君，竟还不如"无知"的妇孺，良臣为国捐躯，忠义之心令人敬佩，而自己仅是派人在郊外吊唁，如此草率仓促，不仅缺乏诚意，而且对烈士不敬不重。于是，深感惭愧的齐庄公亲自前往杞梁家吊唁。

这就是杞梁妻的故事，没有后人生发出的哭夫、崩城、投水那样感天动地的情节，没有刻意渲染的悲痛与忠贞。透过简约的文字，我们看到的是一个刚烈女子的大义凛然，她掷地有声的话语中蕴含的何尝不是对丈夫深沉的爱？因为深爱，所以明了；她知道那毅然决然战死沙场的丈夫平生最引以为傲的是忠诚与勇敢，最在乎的是荣誉和声名。逝者已矣，能为他做的就是维护他高傲的尊严，彰显他对国家的忠诚。深明大义的杞梁妻用她的智慧、她的勇气维护了丈夫的声名与尊严，表达了她对杞梁的爱与敬。这就是杞梁妻，心中有家，亦有国；有情，亦有义。

孟姜女的爱恨在迎风而流的泪中，杞梁妻的爱恨在不卑不亢的谴责声中。孟姜女的反抗是投水时的纵身一跳，杞梁妻的反抗是直言不讳的拒绝。孟姜女将生生相离的痛苦圆融于死生相随，杞梁妻将生生相离的痛苦化为余生无尽的哀思。或许后人本不必如此费尽心思地勾画出一个哀哭千载的孟姜女，杞梁妻那无声的哀伤早已透过简约的文字蔓延至心。死亡瞬间结束了一生之悲喜，活着却一遍遍体味午夜梦回的孤寂与凄清，杞梁妻才是真正的勇者吧，她的泪流在我们看不见的心里，那泪中有哀怨、有悲痛，更有大义。

娥眉深蹙语铿锵

怀嬴——与众不同的“棋子”

怀嬴，一个命不由己的不幸女子，她是秦穆公手中的一颗棋子。为巩固自己的政治地位，秦穆公将身为秦国宗室之女的怀嬴，先后嫁给晋怀公子圉与晋文公重耳为妻。怀嬴，又是一颗与众不同的“棋子”，她身处父国与夫国、前夫与后夫的夹缝之中，却依然是个有独立见解、鲜明个性的人。

怀嬴的第一次出场，是那样低调，低调到无名无姓，甚至让人无法记得。公元前643年的夏天，晋国的太子圉去秦国做人质，秦国把河东之地归还给晋国，并把女儿嫁给太子圉。这个不起眼的“女儿”就是怀嬴，这样的出场倒是极为符合她“棋子”的身份，人在局中，身不由己，但也不要小看这颗“棋子”，如无意外，这颗“棋子”将会成为晋国的第一夫人。

时隔五年，再见怀嬴，她已是个万众瞩目的女子。

当时，晋惠公病重，怀嬴那个做人质的丈夫太子圉，为能顺利继位，打算偷偷逃回晋国。临行前，他将自己的计划告诉怀嬴，并对怀嬴说：“你与我一起走，好吗？”怀嬴望着这个与自己朝夕相处的男人，她知道这个男人是真心真意地期待自己能和他长相厮守，他早已不再将她视为眼线，只将她当作是女人、是妻子，这让怀嬴温暖而满足。一个女人最幸福的也不过如此，和相爱相知的人执手到老。

有时，怀嬴一个人的时候，就会想，如果子圉不是人质，甚至不是晋国太子，而自己也不是秦国宗室之女，不用夹在秦晋之间，是不是就真的能百年好合了呢？朝朝暮暮的相随相伴，怀嬴亦深知子圉的屈辱与不安，也知子圉此番离去，两人可能再也无缘相聚。秦穆公是不能容忍这样的背叛的，更不用奢望得到其谅解了。然而，子圉多年的委曲求全不就是为了有朝一日可以登上君王宝座吗？如果今日以情相留，他日那个没有了梦想的男人还会快乐吗？徒然相守在一起的两个人还会幸福吗？

思及此，怀嬴心内无限哀伤，轻轻握住子圉的手说："你是晋国的太子，屈居在秦国这么久。如今有机会回去施展你的抱负，不是理所当然的吗？我国君王让我做你的妻子，是为了使你安心，可是现在你已经无法安心留下来了，如果我跟你回去，就是抛弃了国君的命令。纵使我心里千般不愿、万般不舍，我还是不能跟从你离去啊，这是我作为秦国宗女的命运吧。但不管怎样，我是你的妻子，你放心走吧，我是不会泄露给任何人的。"

执手相看的两人，无语凝噎。依依惜别后，太子圉悄悄逃回了晋国，后继位成为晋怀公。怀嬴短暂的第一次婚姻也就此画上了句号。

一年后，怀嬴第三次出场，依然是"棋子"的身份，但地位已大不如前，嫁给晋太子圉是作为妻子，是储君的夫人。而这一次不过是个"礼物"，是秦穆公送给晋公子重耳的众多"礼物"中的一个。

重耳与子圉是叔侄关系，因此怀嬴的身份十分尴尬，即便重耳成为晋君，她也与晋国第一夫人的称号无缘了。

秦穆公的这种举动在今天的我们看来实在是匪夷所思，但在秦穆公看来可能是一举三得的：可以狠狠地羞辱已为晋怀公的子圉，以平心中恨意；拉拢培植新势力——晋公子重耳一方，以巩固自己的政治势力；或是怜惜或是惩罚怀嬴，让她既可以有个归宿，又可以充分发挥“棋子”的作用。就这样，怀嬴遇到了她的第二位丈夫。

那天，脸上看不出是悲是喜的怀嬴捧着盛满清水的器皿伺候她的老新郎重耳洗脸洗手，这是新婚的礼节。按《仪礼》的解释，这项工作是由新妇之媵来完成的。媵，就是陪嫁的人，新妇才是正牌的妻子。

身为秦国宗室之女的怀嬴，接受过良好的文化教育，知书达礼，深知此时此地此举意味着什么——自己不过是媵妾啊！

今夕何夕，良人为谁？

这个老态尽显的男人就是自己的新任丈夫，他是子圉的叔叔，是秦穆公选中的可担当大任的人，是要与子圉争夺晋国君位的人。命运是在惩罚自己当日暗暗帮助子圉逃走吗？这难道是深重的罪孽吗？纵然是违背了国君的命令，但也并未损伤秦国的一兵一将啊！除了穆公的颜面、自己的幸福，还有谁真的损失了什么呢？夹在秦晋两国之间，如此小心翼翼地生活尚落到如此尴尬的境地，如今又要夹在两位丈夫之间，他们既是亲人，又是仇人。怀嬴啊怀嬴，你的幸福在哪里？你还有幸福的权利吗？

突然，几滴水落在脸上，心内正暗自千回百转的怀嬴不禁被吓了一跳。

原来是重耳，这个骄纵的男人洗了手不用手巾擦干，而是用力挥手，将水甩得四处飞溅。这些水珠仿佛砸落在怀嬴的心上，重耳这是在嫌弃自己啊！一个多年流亡在外的公子，一个走一路娶一路的男人，凭什么看不起自己？怀嬴悲愤地怒斥重耳："秦和晋两国地位平等，你为什么看不起我？"

重耳吓了一跳，娶了那么多个妻子，竟第一次遇到这样的女人。看那一身红妆的俏丽佳人，投过那一句掷地有声的责问后，便静静地盯着自己，一双原就顾盼生情的眼睛此刻更是目光炯炯，双颊也因为愤怒更显绯红，这个美得如火焰般的女子，怎样看都是个不容轻忽的人啊！说出的话也似烈火般灼热，言简意赅、一语中的，自己不就是来寻求秦国相助的吗？结此秦晋之好不正是秦穆公和自己不便言明的盟约吗？自己又有什么资格、什么权利轻视眼前这个带给自己机会的无辜女子呢？自己刚才一定是老眼昏花了，以为低眉顺眼、不言不语的她正在自惭形秽、乞求怜爱呢。

这个天姿国色、别具一格的女子，真的是一份珍贵的"礼物"，她不是秦穆公赠送的，是命运赐予的。这样的怀嬴让重耳既惊又喜，既敬又怕，他无声地低下了头，自己换了衣服，囚禁自己，以示谢罪。

"棋子"怀嬴就这样带着自己独特的个性风采开始了她的第二次婚姻，勇敢地面对自己不得不面对的夹缝人生。

当公子重耳在秦穆公的支持下，杀晋怀公而立时，人们只看到了晋文公重耳的辉煌、只想到了秦晋两个大国的美好前景，没人去关注这个夹在秦晋之间、夹在前后两任丈夫之间的女子，没人去理会一个小女子的爱恨情愁。

或许，很难说怀嬴是幸福的，因为她的经历、她的"棋子"命运，但这个女子无疑是成功的，因为她的有胆有识、有情有义。所以，这个与众不同的女子能得到两任丈夫的尊重和真心相待，能名留青史、流芳千载。

声伯妹——悲伤跳跃的“音符”

在《左传》中，女性很少有话语权，她们多半是作为男性世界里沉默的点缀，发出过自己“声音”的女性并不多，而声伯妹却是发出过“声音”的一个。她不再是一个无声的装饰品，而是一个悲伤跳跃的“音符”。这“音符”背负了太沉重的痛楚，所有悲愤化作跳跃的力量，弹奏出昂扬而哀伤的曲调。

声伯妹，一个没有名字甚至连“某某氏”这样的称呼都没有的女子，一个被轻视、被利用、被伤害的女子，这个命运多舛的女子失去了她想珍视的一切，终于忍无可忍地发出了反抗的呐喊。而给这个女子带来最深伤害的人，竟然都是与她最亲近的人——母亲、哥哥、丈夫。

声伯妹，自然就是声伯的妹妹。

声伯，是鲁国的执政大臣之一，出身于鲁国公族，其父叔肸为鲁宣公的兄弟，其母却是个被人看不起的女人。声伯的母亲没有举行媒聘之礼就和叔肸生活在一起了，这在当时是违礼的，凡聘则为妻，不聘为妾。声伯的父母共同犯下的违礼之过，后果却只有其母来承担——沦为被人瞧不起的“妾”。她的妯娌，鲁宣公夫人穆姜公开宣称：“我不能称一个小妾为嫂嫂。”

世间事有时就是这样，有的错男人可以犯，女人却不可以犯，比如声伯父母的“非法同居”。有的错可以犯，改了依然是好同志；有的则万万不可犯，错了就背负一生罪名。这个背负着“红字”的女人在生下了声伯以后，就被遗弃了。被遣离家门的她嫁给了齐国的管于奚。在生了两个孩子后丈夫死了，这个无依无靠的女人只好投靠声伯过日子。声伯让他的异父兄弟做了大夫，又把异父妹妹嫁给了施孝叔。这个妹妹就是声伯妹。

声伯妹是在形形色色的人对自己母亲各种各样的非议声中长

大的，因为母亲当年的错，让她寄人篱下的日子过得更为苦涩，那个疼爱自己的母亲为何就不能被原谅？而她也不得不一起承受别人有意无意的伤害。

这样长大的她格外希望自己有个温暖而幸福的家。在异父兄长声伯的安排下，声伯妹嫁给了施孝叔。两个人在一起的生活过得简单而平静，这样的日子让声伯妹觉得心满意足，终于走出了多年的阴影，拥有了属于自己的幸福。然而，一个意外的出现改变了一切。意外，意料之外，如果能预知是不是就能躲过不幸的侵袭？

公元前580年，晋国卿大夫郤犨来鲁国聘问。

郤氏为晋国显族，连续三代都担任晋国执政，权势显赫。郤犨富有才能，为使有礼，谋事有智，临戎有文。这些溢美之词都是声伯妹听施孝叔说的，她只是笑着听听，不曾在意，一个与自己不相关甚至永无可能相见的人，又何必放在心上？她在意的、关心的是眼前人，这个要与自己相伴一生的丈夫。她心里暗暗感激兄长声伯帮她成就了这段姻缘。犹自幸福着的她，不知拥有的这一切就将改变了。

郤犨的确有才干，同时大权在握，这样的人行事多少会有些自尊自大，以至傲慢无礼。他趁前来聘问之机，向声伯求鲁女为妻，隐隐地暗示希望娶声伯之妹。声伯有些为难，自己的外妹已经嫁给施孝叔了啊！两人的小日子过得有声有色的，怎么好强行拆散呢？但这个郤犨是万万不能得罪的，他是晋国的实权派，得罪了他就等于得罪了晋国，得罪了晋国，不仅使自己陷于危险，还将使鲁国面临危机。思前想后，声伯决定把施氏的妻子夺过来献给郤犨。

声伯妹知道兄长的意图后，震惊而悲痛。难道自己继承了母亲的不幸？一女嫁二夫，为什么母女二人都是这样的命运？母亲是被遗弃的，而自己的丈夫对自己很好，他是不是能阻止悲剧的上演呢？声伯妹满怀希望地对丈夫说："鸟兽尚且不肯失掉自己的配偶，你打算怎么办呢？”她那因忐忑和激动而潮红的双颊，此刻看来分外艳丽，她的丈夫看着美丽的妻子心里更多几分不舍，尽管他爱这个美丽的女子，可是他更爱自己、爱自己的前程。于是他别过头，不去看她眼中热切的渴盼，说：“我也不想这样，但我不能为了留住你而死去或者逃亡吧。”

声伯妹眼中的光彩一点点暗下去，挽留住幸福的最后希望已经破灭了。原以为可以托付终身的丈夫，不过也是个薄情之人！声伯妹脸上露出了苦涩的笑，自己和母亲的命运多相似，被遗弃与被放弃能有多少不同呢？声伯妹沉默地消失在施孝叔的视线里，随郤犨走了。

郤犨如愿以偿地将美丽的声伯妹娶回晋国。对声伯妹来说，不过是换了一个寄居之所，她不再奢望幸福，只希望自己不再如浮萍般漂荡就好。她为郤犨生了两个孩子，两个孩子便成为她不幸生活中最大的安慰。

时光依旧自顾自地流转，不会因为任何人的喜怒哀乐而停滞不前。现在，声伯妹在晋国生活已有六年了，正当她渐渐淡忘自己的不幸时，不幸又直面而来。公元前574年，显赫张扬的郤氏家族成为众怒所向，招致灭族之祸。声伯妹的第二位丈夫郤犨被杀后，晋国人把成为寡妇的她送还给了施孝叔。

也许是由于旧情难忘，也许是由于害怕得罪晋国和声伯，施孝叔在黄河边迎接这个失而复得的妻子。

与声伯妹一起回来的还有她与郤犨所生的两个孩子，她现在最大的心愿就是照顾好这两个可怜的孩子，希望当年那个自私懦弱的施孝叔可以善待他们。令她悲痛欲绝的是施孝叔竟然把她的两个孩子丢进了河里。两个无辜的小生命就这样在自己的眼前瞬间消失了，作为母亲却不能守护自己的孩子，欲哭无泪的声伯妹悲愤地呵斥狠毒的施孝叔说：“当年你不能保护自己的配偶而让她屈辱地离开，如今又不能爱护别人的孤儿而残忍地杀死他们，你这样的人怎么能有好结果？！”

声伯妹这次没有沉默地转身而去，她愤怒地看着这个自私冷酷、薄情寡义的男人，发誓说：“我再也不会做你的妻子了，永远不会，从今以后，等着看你遭到上天的惩罚是我最大的心愿！”昔日的伉俪，已成为今日的仇敌。

这个身不由己的女人，她的命运像她的母亲一样被男性所操纵，被迫再嫁，而又丧夫失子。她只是政治婚姻中被利用的对象。她一直沉默地接受不公平的命运，直到施氏杀了她的两个孩子，她才发出悲愤的谴责。这是她对悲剧性命运和操纵其命运的男性的反抗。

虽然，她的抗争并不能改变命运中早已注定的不幸，但却让我们看到被损害的弱者也是有情感、有尊严的。她不再是一个沉默的符号，而是一个跳跃的音符。她那饱含痛苦的责问，让千载后的我们每逢忆起仍会觉得心底隐隐作痛。

深殿垂帘见倩影

邓曼——才智过人的军事家

邓曼，春秋时期楚武王之夫人，楚文王之母。《列女传》将她的事迹记载于“仁智传”中，司马相如亦称其“若神仙之仿佛”，但这个才貌双全的女子更令人惊艳的是她竟有着出色的军事才能，以至于她那能征善战的国君老公都对她的话格外信服。

公元前699年春，随着春天复苏的不只有盎然生机，还有楚国人对罗国人的报复之心。前一年楚国进攻绞国时，楚军士兵分批渡过彭水。罗国人企图趁机攻打楚军，派大夫伯嘉去侦察楚军。这个伯嘉数数得很好，三次全面仔细地数清了楚军的人数，但可能是过于专心地数，以至于没有注意隐蔽而被楚国人发现。虽然最终罗国没敢轻举妄动，但楚国却对罗国人的胆大妄为心怀不满，于是在楚军大败绞军以后，楚武王便命莫敖屈瑕领兵讨伐罗国。

莫敖屈瑕将要出征，斗伯比特来为他送行。返回的途中，斗伯比忧虑地对他的驾车人说：“莫敖此去一定会打败仗的。”驾车人摇着头笑说：“怎么会呢？莫敖骁勇善战，蒲骚之战莫敖不是以少胜多大获全胜了吗？您多虑了！”斗伯比叹息道：“你没有注意到莫敖走路的姿势吧？他在走路时把脚抬得很高，表明他心思浮动不安定，这样他防备敌人的心就会松懈啊！”驾车人安慰说：“屈瑕身为楚国最高官职‘莫敖’，难免会有些趾高气扬，您何必太介怀呢？”斗伯比仍旧不放心，于是去求见楚武王说：“请您一定要增加军队！”楚武王却没有答应他的请求。

楚武王回到内宫后，把此事告诉了夫人邓曼。邓曼听后，蹙起了秀丽的眉，说：“斗大夫的本意是请君王您训诫大众而好好地监督他们，召集官吏而用美好的德行鼓励他们，召见莫敖而告诉他上天不会宽纵他的过失。不然的话，斗大夫何必特意来向您请求增加军队呢？他难道不知道楚国的军队已经全部出发了吗？”楚武王听了夫人邓曼的话，恍然大悟，赶紧派人去追赶莫敖，以加以警告，可是为时已晚，没能追上远去的大军。

邓曼不但准确地分析出了斗伯比的用意，而且准确地判断出了莫敖屈瑕的行为动向。果然骄傲自满的莫敖屈瑕命人在军中号令说：“敢于进谏的人将受到刑罚！”上次蒲骚之战能取得胜利，斗廉功不可没。当时屈瑕欲请楚武王加派楚师增援，斗廉认为军队取得胜利的关键在于同心协力，而不在于人数的多少。随即抓住时机，抢在四国之师到来之前，以锐师夜袭蒲骚，击败了郧军。如果没有斗廉的出谋划策，莫敖屈瑕不会赢得那么漂亮。可这一次，被胜利冲昏头脑的屈瑕一改以往群策群力的作风，变得刚愎自用、自以为是。

楚军到达鄢水，军队渡河时次序混乱，不成行列。到达罗国后，罗军与卢戎军队两面夹击楚军，楚军大败。屈瑕逃至荒谷，他为自己的大意轻敌深感后悔，自觉无颜再见对自己信任的君王、对自己寄予厚望的父老，便以死谢罪吊死于荒谷。莫敖屈瑕的自缢开创了楚国统帅以身殉职、以死谢罪的先例。其他将领亦自囚以听罪，等待楚武王的处分。楚武王自听了夫人邓曼的话后，知道此役必败无疑，而失败的原因固然是因为莫敖的轻敌，但是自己作为一国之君未能运筹帷幄、未能约束警示臣下，又何尝不是造成此后果的原因呢？楚武王宣告臣民说："这是寡人的罪过。"赦免了全体将士。

自从邓曼劝谏楚武王要以信、德、刑来管理国家后，楚武王对夫人邓曼更加敬重。夫人不但端庄贤惠，而且目光敏锐。她的政治洞察力和军事判断力，让他这个身经百战的君王心悦诚服。

公元前690年，又是一年春天。楚武王新创了一种阵法——荆尸。这天楚武王摆开"荆尸"军阵，把戟发给士兵，准备攻打随国。楚武王忙完这些准备斋戒，入宫告诉夫人邓曼说："我的心散乱不安。"邓曼望着楚武王，眼神哀伤，叹息着说："君王您的福寿将尽了！该精神饱满时却心神散乱，这是上天的启示啊。我国去世的国君大概也知道了，所以在作战之前，将要发布征伐命令的时候，让君王您的心散乱不安。如果军队没有损失，君王您在途中寿终，这就是国家的福气了。"楚武王闻言沉默不语，他知道夫人此言定是有道理的，看来此战是自己的最后一役了，纵使有英雄迟暮之悲，但为国家社稷更当勇往直前。于是楚武王视死如归地出征了，中途死在樠木之下。一切竟真如夫人邓曼所言，楚武王壮志未酬身先死。因夫人已经预言，众将虽然悲痛，但并未自乱阵脚，反而化悲痛为力量，坚定了必胜的信念。令尹斗祁、莫敖屈重逢山开路、遇水架桥，继续进逼随国，在随国附近安营扎寨。随国人害怕，向楚国求和。莫敖以楚武王的名义进入随国与随侯结盟，并约请随侯在汉水之曲相会。回师途中军队渡过汉水之后，才宣布楚武王已死的消息。

楚武王未竟之志终得以完成，正因为有夫人邓曼的先见之明，才使将领们能临危不乱、众志成城，从而实现了楚武王的最后心愿，保证了楚国政局的稳定。邓曼不仅是楚武王的夫人，还是他的知己，了解他所思所想，辅助他建功立业；邓曼不仅是楚武王的妻子，还是楚国的君夫人，她的心里有楚国的兴衰安危、楚国的千秋大业。拥有这样一个善思考、明事理、识大体、知天道的女子，是楚王之幸，亦是楚国之幸。

穆姜——真情真性的女人

穆姜，一个以“孽嬖”闻名于世的女子。她地位煊赫，是鲁宣公的夫人、鲁成公的母亲、鲁襄公的祖母，在鲁国政坛历经三世，一度举足轻重，却终因专权、淫乱而被幽禁于东宫，晚景凄凉。《列女传》将其列在“孽嬖传”当中，显然她是不被赞美的。尽管这个女子知书达礼、才华横溢，然而，这个女性道德教育的反面教材，果真只是个令人不齿的“孽嬖”吗？

穆姜的身影还出现在史书《左传》中，在这里我们看到的穆姜不再只是个平面的“孽嬖”，而是立体多面的女人。公元前582年，穆姜第一次出现在《左传》中。这年夏天，去宋国慰问伯姬（伯姬是穆姜的女儿，二月出嫁到宋国）的季文子回国复命，鲁成公设宴招待他。季文子赋《韩弈》的第五章，借此诗来言说伯姬嫁到宋国后，生活安乐美满。穆姜听见从房中出来，两次下拜，说：“大夫辛勤，不忘记先君以及嗣君，延及我这个未亡人。先君也是如此期望您的！谨拜谢大夫加倍的辛勤。”说完穆姜又赋《绿衣》的最后一章，然后才进去。初见穆姜，只觉得这是个知书达礼的才女、温婉慈爱的母亲，给人留下的是谦和有礼的印象。

人生若只如初见，便不会有被视为“孽嬖”的穆姜了。再见穆姜，她依然举止有礼，只是这份有礼中隐隐透着寒意。穆姜用礼深深伤害了自己的妯娌——声伯的母亲。声伯的母亲没有举行媒聘之礼就和声伯的父亲叔肸生活在了一起，这在当时是违礼的，凡聘则为妻，不聘为妾。穆姜对这对夫妇的违礼颇有微辞，她从不称声伯之母为嫂嫂，别人问起，她冷冷地说："我不能称一个小妾为嫂嫂。"作为君夫人，她的言行总是格外引人瞩目，她对声伯母亲的轻蔑态度，令周围的人更加瞧不起这个违礼的女人。声伯母刚生下声伯，便被遗弃了。虽然这并不是穆姜的本意，但她毕竟于有意无意间伤害了那个不幸的女人。再见穆姜，有礼虽在，温和已无。虽看似无情，但却恰恰能由此见出穆姜的真性情——直言喜怒、爱怨分明。对于身为君夫人的穆姜来说，尊礼守礼并不是为了获得金钱、名声之类的利益，她这样做或许只是因为她觉得事情就应该这样而已。

穆姜的真性情在她的违礼之举中表现得更为鲜明。出现在公元前575年的穆姜，一改自称"未亡人"时的温婉有礼，成为一个凭借权势肆意妄为的专横母亲、一个为满足私欲罔顾国家利益的放荡女人。许是穆姜不愿辜负青春年华，许是叔孙侨如太富男性魅力，国君之母穆姜竟与卿大夫叔孙侨如私通。叔孙侨如与穆姜在一起并非只因两情相悦，他是想借穆姜之力除去季文子、孟献子并取得他们的家财，夺取他们的权势。

适逢晋楚争霸，鄢陵之战爆发。作为盟国，鲁成公也奉晋国征师之命，前往参战。成公将要出行，母亲穆姜为他送行，道别之后，穆姜想起情人的嘱托，便让儿子驱逐季、孟两人。成公对母亲的红杏出墙之事多少已有耳闻，一听此话，便知是叔孙侨如在暗中唆使，便借要应晋国要求出兵之事来敷衍她，说："请等我回来后再听取您的命令。"穆姜察觉到儿子的推托，怒不可遏，刚巧公子偃、公子钼快步走过，穆姜便指着他们说："你要不同意，他们都可以是国君！"鲁成公担心穆姜真会将这话变成事实，赶紧防护宫室、加强戒备、设置守卫，然后才敢出行，临行前又特意派孟献子在公宫留守。这一变故使成公未能及时赴约。叔孙侨如便趁机贿赂晋国权臣郤犨，让他在晋厉公面前毁谤鲁成公，晋厉公因此不肯接见鲁成公。

时隔不久，鲁成公会合尹武公和诸侯进攻郑国。征前，穆姜又向鲁成公提出了和上次一样的要求。鲁成公不得不再一次在宫中设了防备以后才敢上路。子叔声伯派叔孙豹请求晋军前来迎接鲁军，并特意在郑国郊外准备饭食以款待晋军。声伯心知因前次之事，晋国对鲁国颇为不满，为表对晋国的恭敬，声伯等待晋军时四天没有吃饭，直到晋军为迎接鲁军前来，晋国的使者吃了饭以后自己才吃饭。

相对于声伯的因公忘私，穆姜的这次出场则尽显专横无礼、因私废公。她不再是一个文质彬彬的温婉母亲，也不再是一个高贵端庄的君夫人，她的举止行为更像一个沉溺于爱情而不能自拔的年轻女子。在这个为爱痴狂的女子眼中，只有爱人是最重要的，她甚至愿为所爱的人付出一切——声誉地位、母子亲情、国家利益。这个曾谦和有礼的女子，放弃所有却没换回期待的幸福，她那居心不良的情人叔孙侨如不惜牺牲国家利益而使尽花招想排除异己，最终被驱逐出国。这年冬十月，叔孙侨如逃亡到齐国去了。穆姜也因此被迫迁于东宫，失去了人们对她的尊敬。

公元前571年，鲁国的齐姜去世。当初穆姜为自己准备的内棺和颂琴被文子拿来安葬齐姜。齐姜是媳妇，穆姜是婆婆，而且还是现任国君的祖母。媳妇是奉养婆婆的人，损害婆婆来成全媳妇，此举是不合于礼的。从季文子的举动里，我们不难看出鲁国人对穆姜轻视的态度。当年的肆意妄为，已让穆姜落到了千夫所指的境地。

虽然穆姜的声名已一落千丈，但她的才华仍令一般人难以望其项背。穆姜不仅善于赋诗，还精通《易》。在她被幽禁东宫之初，卜筮定吉凶，得到随卦。太史认为得到此卦，意味着穆姜能很快出去。穆姜却并没有因此而感到欢喜，她对此卦自有独到见解，说："那是不可能的事。这卦在《易》中解释为：'随，元亨利贞，没有灾祸。'虽然得到了《随》卦应该没有灾祸，但我作为女人却参与了作乱。处于低下的地位而又没有仁德，不能说是元。使国家不安定，不能说是亨。做了坏事而危害到自身，不能说是利。丢弃未亡人的地位而爱美修饰，不能说是贞。具有这四种德行的人，得到《随》卦才能没有灾祸。而我却四项德行都没有，难道能合于《随》卦的卦辞吗？我自取邪恶，难道能没有灾祸吗？一定会死在这里，不能够出去了。"公元前564年，穆姜果如其言死于东宫。

纵观穆姜出现的各个历史场景，虽然有守礼与违礼之分，但却有一脉相通之处，那就是穆姜的真性情。她的言行，无论是否符合道德的规范，都在真实地表达着她内心的感受。她将自己对于生活的种种理解与渴望，真切地展现于人前。如果暂时放下道德的评判，这个女子的敢作敢为何尝不是真情真性的流露呢？

掩卷而思，与其视穆姜为"孽嬖"，不如将其还原为她最真实的身份——女人。一个任性却勇敢的女人，一个真情真性的女人，竟别有一番味道。

宋襄夫人——人间烟火最芬芳

宋襄夫人，春秋时期宋国国君宋襄公之夫人，宋昭公之祖母。她出身高贵，是周襄王的姐姐。然而她为人瞩目并不是因为她那不同凡响的身份，而是她的权倾朝野、废立君主，以及她的胆大妄为、欲与孙辈私通。原本以她的地位身份，可以如神仙般享受宋国人对她的礼遇，但她却不甘寂寞、贪恋人间烟火。只是人间烟火虽然最是芬芳，但也最难长久。宋襄夫人为了这短暂的欢愉，燃尽了祖孙之情、清白之名。

宋襄夫人是个很有性格的女人，她的孙子宋昭公对她不够尊敬，这让她甚为不满。一般的奶奶可能都不会太计较，训几句也就完了，但宋襄夫人这个大权在握的君祖母可没那么好惹。公元前619年，宋襄夫人依靠戴氏的族人，杀了襄公的孙子孔叔、公孙钟离和大司马公子卬，司城荡意诸也被迫逃亡到了鲁国，这些人并没有什么十恶不赦的罪过，不过是因为他们都是宋昭公的同党。宋襄夫人此举表面上是杀鸡儆猴，其实又何尝不是为了巩固自己手中的权力呢？帝王之家，亲情实在是种奢侈品。

带着肃杀之气、卷起血雨腥风的一怒，让宋昭公充分见识了祖母杀伐决断的行事作风，这和他那以“仁义”见称的祖父宋襄公可大不一样，自此宋昭公不再敢轻易招惹这位厉害的祖母。但祖孙之间的隔膜已经给昭公的人生留下了危机。公元前613年，天生异象，有彗星行入北斗，周内史叔服据此天象预测说：“过不了七年，宋国、齐国、晋国的国君都将在叛乱中死去。”天命也好，人为也罢，公元前611年，宋昭公终死于叛乱。

虽然宋昭公被视为无道之君，但罪不当诛。如果不是昭公的庶弟公子鲍长得太帅，如果不是他的祖母太贪恋“人间烟火”，可能宋昭公的命运就不会那么悲惨了。公子鲍不仅人长得英俊，而且很会笼络人心。他平日里就对国人以礼相待，在宋国发生饥荒时，更是把粮食全部拿出来施舍。对年纪在七十岁以上的，不仅给他们馈送饮食，还按时令加送刚上市的珍贵食品。对国内有才能的人，没有不加以侍奉的；对亲属中从桓公以下的子孙，没有不加以周济的。平时更是没有一天不进出六卿的家门。这样尊贤爱民、乐善好施的才俊，比起一即位就要除掉诸位公子、打击公族势力的宋昭公来，不只博取了民心，还深得大臣们的欢心。这些举动虽然对宋昭公造成威胁，但还不足为患，毕竟公子鲍只是庶出之子。令宋昭公意想不到的是，他的祖母宋襄夫人竟惦记上了华美而且艳丽的公子鲍，想和他私通。公子鲍自然不肯答应，但聪明的他也没有得罪宋襄夫人，一番“君生我未生”之类的慨叹，让宋襄夫人既怜又爱，这芬芳的人间烟火让宋襄夫人欲罢不能，既然不能在一起，那就帮助他施舍吧。成就他的心愿，就是最大的快乐啊。在宋襄夫人的宠爱和扶持下，公子鲍的人气越发高了。渐渐地，国内的人们都由于襄公夫人的关系而拥护公子鲍。显然，这公子鲍绝非凡夫俗子，远比宋昭公有心计、有手段，他不只要得百姓之心、群臣之心，更要得到这个大权在握的祖母之心，这才是他出奇制胜的法宝。

一面是自己讨厌的孙子宋昭公，一面是自己心爱而不可得的帅哥公子鲍，宋襄夫人的选择已经很明显了。不久，襄公夫人打算让宋昭公去孟诸打猎而乘机杀死他。宋昭公得到消息以后，知道自己最怕的事终于还是要发生了，祖母这一次是不会放过他的，便带上了全部珍宝才出行。司城荡意诸陪他同行，建议说：“何不到别的国家去呢？”宋昭公说：“得不到自己大夫的拥护，以致君祖母及国人都不信任我，有哪个国家肯接纳我？再说已经做了别人的君主，怎么再去做别人的臣子，还不如死了好。”昭公把他的珍宝全部赐给左右随行人员，之后让他们离去。原来宋昭公早已做好从容赴死的准备，他带着全部珍宝出行不是为了自己逃命，而是为追随他的人留下些许生机和希望。

众人中只有荡意诸不忍离去。宋襄夫人派人对荡意诸说叫他离开宋昭公，荡意诸回答说：“做他的臣子而在他有难时逃离，怎么能侍奉以后的国君呢？”言下之意是愿陪昭公同生共死。宋襄夫人并没有被荡意诸的忠诚而感动，依然为实现公子鲍的心愿而对自己的孙子痛下了杀手。在这年冬季的十一月二十二日，宋昭公准备去孟诸打猎，实际上是去赴死亡之约，还没有到达孟诸，宋襄公夫人便派遣帅甸击杀了宋昭公，荡意诸也随同殉死。周内史叔服的预言成真了，宋昭公果然死于动乱。宋昭公死后，宋文公即位，文公就是那美而艳的公子鲍。

虽然左氏不止一次地说宋昭公无道，但事实上并未记述什么具体的事例来显示宋昭公的无道，即便是打击公族势力，其实也不过是为了稳固君位而已。而宋文公的弑君篡位做得那样水到渠成，声誉是他的，君位是他的，弑君之罪却是宋襄夫人的。这就是《左传》的曲笔，这就是左氏行文的巧妙，将深刻的批判隐于表面的赞美。

贪恋人间烟火的宋襄夫人没有得到公子鲍的人，也没有得到公子鲍的心，她不过是公子鲍的“屠龙剑”，为他所向披靡，替他背负骂名。

命运多舛误佳人

庄姜——忧心忡忡无人慰

春秋时代，除了弥漫的战火硝烟，还有美人的衣香鬓影。那些俏丽的身影，千载之后仍让人念念不忘，那首赞颂美人的绝唱《诗经·卫风·硕人》至今仍回荡在耳边。那位“手如柔荑，肤如凝脂，领如蝤蛴，齿如瓠犀，螓首蛾眉，巧笑倩兮，美目盼兮”的绝代佳人便是庄姜。

庄姜不仅有着倾城倾国的容貌，还有着不凡的出身和高贵的地位，她贵为齐国公主，是齐庄公的女儿，齐国太子得臣的妹妹，卫庄公的妻子。而且这位高贵美丽的女子，还被儒学大师朱熹认定为中国历史上第一位女诗人。这样的姿容、这样的身份、这样的才华，是多少人梦寐以求而求之不得的，庄姜何其幸运能够全部拥有，还有什么理由不幸福、不快乐呢？

然而，这个女子却是真的不快乐、不幸福。幸福并不是简单的加法，美貌、地位、才智集于一身并不意味着拥有了美满的人生。身为女子，所求无多，不过是可以得到一份爱，来自相伴一生之人的挚爱；可以付出一份爱，送给自己孩子的无私母爱。这样的愿望即便是对于平常女子来讲，也不算奢求，为人妻、为人母本来不就该如此生活吗？而这些对于近乎完美的女人庄姜来说，竟是奢望。

美丽的齐国公主庄姜嫁到卫国，成为了卫庄公的妻子。国君夫人的容貌，让卫国人惊艳，因此为她创作了《硕人》一诗。那顾盼神飞的双眸、那莞尔一笑的妩媚，从此定格在流传千载的诗篇里，纵使时光辗转，美人依旧。卫国人希望这美丽的君夫人婚姻幸福、生活美满。然而，祝愿和现实常常背道而驰，现实中的庄姜没有得到祝愿中的幸福。也许如此完美的女人让造物主心生嫉妒，于是让漂亮的庄姜成为一朵怒放却不结果的花。在那个妻以夫荣、母以子贵的时代，庄姜虽美却无子，这便成为她受到冷落的因由。

最初她的国君丈夫卫庄公对她也是十分迷恋的，毕竟这样的绝世容颜，怎能不令人心动呢？只是卫庄公并不是一个专情的人，如同张爱玲所说：也许每一个男子全都有过这样的两个女人，至少两个。娶了红玫瑰，久而久之，红的变了墙上的一抹蚊子血，白的还是“床前明月光”；娶了白玫瑰，白的便是粘在衣服上的一粒饭粒子，红的却是心口上的一颗朱砂痣。庄姜的美在卫庄公心里慢慢地变得像饭粒一样不起眼、像蚊子血一样没有生气。卫庄公作为一国之君，可以拥有的何止两个女人呢。但庄姜毕竟是身份高贵的大国公主，卫庄公这个小国的一国之君，不好把厌倦之情表现得过于明显。庄姜的“无子”却给了他充足的理由去移情别恋。

于是，卫庄公光明正大地又娶了一个陈国女子，名叫厉妫。厉妫没有庄姜的才貌，却为庄公生了个儿子——孝伯。似乎厉妫比庄姜幸运些，哪知孝伯小小年纪就死了。好在作为厉妫陪嫁，一起嫁过来的戴妫，也为庄公生了一个儿子，戴妫比姐姐厉妫有福气些，这个男孩被立为太子，就是后来的卫桓公。庄姜看着曾经对自己寸步不离的丈夫，如今却拉着别的女人的手谈笑，她的笑容不再明媚，眼神中也充满忧伤。只是忧心忡忡的庄姜没有人来安慰，人们只是很同情地远远望着她，叹息着说：那是美而无子的庄姜啊！

庄姜沉默地接受了这一切，只是庄姜不是一幅美人图，她是个真实存在的女人，有失落的感伤，也有对爱的渴望。得不到丈夫的垂爱，却想无私地付出自己的爱。没有自己的孩子可以疼爱，善良的庄姜就把太子当作自己的儿子，对他温柔而慈爱。她爱这个孩子，不仅是由于女人天生的母性，而且是由于她君夫人的身份，她希望卫国安定、和平。春秋乱世，宫闱之争屡见不鲜，兰心蕙质的庄姜深知其害。无子的事实，让她心痛，但她却从未因此怨恨能生育子嗣的厉妫和戴妫，同为女人，何苦互相为难呢？又何必成为争嗣斗争的牺牲品，让本已不幸福的人生更加灰暗呢？作为君夫人，她要从大局出发，维护家国的安定。

只是卫国并未像庄姜所期待的那样和平安定。她那喜新厌旧的国君丈夫，当初以庄姜无子为名，娶了厉妫、戴妫，尽管两人此后都育有子嗣，但依然没有留住卫庄公的心。卫庄公的心转移到了一个无名无姓的宠妾那里了，而且对宠妾的儿子公子州吁也非常宠爱。州吁恃宠而骄，庄公对此却全不在意，从不加以约束。庄姜很讨厌公子州吁，更确切地说庄姜是因为疼爱桓公而讨厌公子州吁。卫庄公宠爱谁，她早已不嫉妒，也不在意了，既然已经知道这个男人的无情，又何必一次次让自己心痛呢？但庄姜实在舍不得桓公受到伤害，更不愿看到卫国陷入混乱。当听说石碏规劝庄公时，庄姜暗暗喜悦，希望卫庄公会有所改变，对公子州吁严加管束，这样或许就可以避免未来的动乱了。可是庄公并没有听从石碏的建议。石碏在卫桓公即位后，就告老回家了。石碏可以选择离开，但庄姜却不能。她不得不面对一幕幕宫廷变故，桓公继位后，果然被公子州吁所杀，州吁后来也被卫国人所杀。多遭变故的庄姜，一双明眸阅尽人间凄凉，忧心忡忡的她孤单地任芳华飘零、抚慰自己的不幸。

庄姜拥有一个贵为一国之君的丈夫，而这个丈夫却把爱分给了别人；她拥有非凡的美貌与才华，却没有成为母亲的机会。不平凡的庄姜，失去了平凡的幸福与快乐。当岁月渐渐消解了美与丑的界限，我们所要的不过是与爱人皓首相依的温暖，不过是子孙满堂的祥和。

夏姬——轻薄桃花逐水流

夏姬，一个美艳如桃花的女子，一个被视为轻薄、不祥的女子，一个被男人追逐的女子，一个被世人嘲笑的女子。这样一个在男人手中辗转的女人，甚至让人忘记了她高贵的出身——其父是春秋时代郑国国君郑穆公，母亲为少妃姚子。这个美丽的公主曾为何名已不得而知，只知道在她嫁给了陈国的夏御叔为妻后，便被称为“夏姬”了。

婚后的夏姬只是邻家平凡的妻子、平凡的母亲，过着平凡人的生活。如果夏御叔没有早亡，能和夏姬长相厮守的话，那夏姬可能永远都不会是《诗经·陈风·株林》中那个被世人暗暗嘲讽了千年的媚惑女子。只是现实总是那样不尽如人意，丈夫早亡，留下孤儿寡母。夏姬不再是高贵的公主，不再是平凡的妻子，而是最易招惹是非的寡妇。这个艳丽如花的寡妇，成了男人觊觎的对象。宛若拍卖会上的稀世珍宝，让人惊艳，让人向往，举手竞拍的背后，是急切地渴望占有，只因为它漂亮、出名，但却并不真的了解其价值、懂得其珍贵。而那个兀自美丽着的珍宝，只能无声地接受一锤定音后的命运。

公元前600年，夏姬第一次在《左传·寅公九年》中现身就带着淫乱的气息、不祥的征兆。陈灵公和孔宁、仪行父皆私通于夏姬，三人不仅把夏姬的贴身内衣穿在里面，还“以戏于朝”。理应庄严肃穆的朝堂之上，浮动着淫靡的味道，大臣泄冶看不下去了，哪有这样的朝堂？哪有这样的君臣？简直无耻至极，他劝谏说：“国君和臣子宣扬淫乱，百姓就没有效法的了，再说这对名声不好，君王您还是把那件汗衫藏起来吧！”陈灵公敷衍地说：“我一时糊涂了，一定会改正的。”陈灵公转头就把泄冶的话告诉了孔宁和仪行父，两个人觉得泄冶妨碍了他们猎艳寻欢的“雅兴”，不怀好意地问，干脆杀死他吧？陈灵公一听正中下怀，哼哼哈哈的并不阻止，泄冶就这样因为一句话而死在这些无耻之徒手中。夏姬一个女子纠缠于三个男人之间，间接地成为一个罪人。

无人劝谏，荒淫的君臣将日子过得随性而肆意，一年来时常出入于夏家。这一日，在夏家寻欢作乐的三人一边喝着酒，一边说着自以为有趣的笑话。灵公对仪行父说：“征舒长得像你。”仪行父哈哈笑着回答说：“也像君王您。”夏征舒，夏姬的儿子，一个早早失去父亲的孩子，如今已长大成人，承袭其父之爵位和职务，成为陈国的司马。他对于自己那个过分美丽的母亲，有着复杂的感情，母亲的美曾经是自己的骄傲，如今却变成难以忍受的耻辱。而这些调笑的言辞更加剧了他的痛苦和愤怒。征舒觉得他一定得做些什么，否则自己会疯掉的。当灵公得意洋洋地从夏家走出来时，夏征舒便从马房里用箭射死了他。孔宁、仪行父吓得立刻逃亡到楚国去了。这一切发生的时候夏姬并不知道，这个美丽的“拍卖品”只是无奈地接受发生在她身上的一切。只是这一次她没想到的是，她的随波逐流将使她失去唯一的儿子。

公元前598年冬季，楚庄王进攻陈国。逃到楚国的孔宁、仪行父在楚庄王面前将夏征舒的所作所为说成作乱，而一心想称霸中原的楚庄王便以此为由来讨伐少西氏，攻入陈国，杀了夏征舒，把他的尸体五马分尸在栗门，把陈国设置为楚国的一个县。夏姬这个不祥的女人这一次不仅害死了亲子，还害得陈国被灭。却没有人在乎这个失去丈夫、又失去儿子的女人在寂静的夜里要承受怎样的蚀骨之痛，她并不曾主动勾引谁、主动害谁，为什么这样甘于接受命运的作弄，结果反而失去更多？

然而，命运并没有就此歇手，带走了陈国的“竞拍者”，又带来了楚国的“竞拍者”。楚国在攻打陈国夏氏的时候，楚庄王想收纳夏姬。申公巫臣反对说：“不能这样。君王召集诸侯，是为了讨伐有罪之人；如今收纳夏姬，就表明是贪恋她的美色。贪恋美色叫作淫，淫就会受到重大处罚。如果出动诸侯的军队，反而得到重大处罚，就是不谨慎了。君王您还是考虑一下吧！”在楚庄王心中霸业是第一位的，因此便打消了纳夏姬的念头。子反一见君王退出了“竞拍”，便喜滋滋地打算娶夏姬，巫臣又来反对说：“这是个不吉利的人啊！她使兄长子蛮早死，使御叔被杀、灵侯被杀、夏南遭戮，使孔宁、仪行父逃亡在外，陈国灭亡，有什么不吉利的能和她相比？人生在世实在很不容易，你娶了她，恐怕也不得好死吧？天下多的是漂亮的女人，何必一定要娶她呢。”子反被这番言论吓得不轻，连忙表示不娶夏姬了。

楚庄王便把夏姬赐给了早年丧妻的连尹襄老。这回巫臣没有提出反对意见。可这襄老却没有艳福，在邲之战中死去，连尸首也没有找到。夏姬又一次变成了寡妇，像从前一样，是让人垂涎的寡妇。近水楼台先得月，襄老的儿子黑要与夏姬私通。这时，那个曾将夏姬斥为不祥之人的巫臣悄悄派人向夏姬传话，说：“你回娘家郑国去，我娶你为妻。”又派人从郑国召她说：“襄老尸首可以得到，但一定要亲自来接。”夏姬把这事报告给楚庄王。楚庄王听过巫臣一番合情合理的分析后，就下令打发夏姬回郑国去了。将要动身的时候，夏姬对送行的人说："得不到襄老的尸首，我就不回来了。"巫臣向郑国求亲，得到郑襄公的同意。夏姬也欣然接受，虽然依然是被动的接受，但毕竟这次的接受是选择后的接受，她选择再一次成为别人的妻子，而不是被人把玩的物品。她选择相信这个深知自己一切"污点"而仍愿意娶她的男人。这朵一直随波逐流的桃花，为男人们的追逐猎艳而背负了太沉重的罪名，漂得累了、倦了，渴望有个归处。

当一个人极度渴望某事时，命运有时会做出些许让步，夏姬的选择得到了命运的认同。巫臣，这个有治国安邦之才的人，为娶夏姬为妻，不惜得罪楚国君卿，他弃官不做，举家出逃至晋国。美丽的夏姬终于不再漂泊、不再辗转于男人之间。至此，夏姬的身影远离了我们的视野，她又默默无闻地做起了平凡的妻子，而不是展示台上那让人蠢蠢欲动的竞拍品，或许这才是夏姬真实的样子，或许这就是巫臣义无反顾娶她的原因。

息妫——红颜胜人多薄命

张爱玲说，漂亮的女孩子不论出身高低，总是前途不可限量，或者应当说不可测，她本身具有命运的神秘性。一结了婚，就死了个皇后，或是死了个名妓，谁也不知道是哪个。这话基本上是对的，格外美丽的女人总是特别吸引人，辐射出去的光芒越耀眼，反射回来的视线越密集，而与别人的交集越多，命运越具有不可测性。

息妫就是这样一个红颜胜人的女子，以至于结了婚、成了别人的夫人还是不能被人忽略，使其原本该平静无痕的生活变得一波三折。息妫是春秋时陈国的公主，先为息国君夫人，后却辗转成为楚国王后。

公元前684年，蔡哀侯娶陈国女子为妻，息侯也娶陈国女子为妻。息妫出嫁时，路过蔡国。蔡哀侯一直久闻其芳名，这回自是要把握机会一睹芳容，便找了个合理的借口说："你是我妻子的妹妹、我的小姨子，理应好好招待一下啊。"息妫觉得与姐姐、姐夫见个面也是情理中的事，便留了下来。没想到就是这个情理中的事，改变了她的人生轨迹。蔡哀侯见了息妫，有些难以自持，不小心将男人的那点苟且心思流露了出来。息妫很意外，也很生气，但因为那是自己的姐夫，便委曲求全地忍了下来。如果这件事就这样隐忍到淡去、到遗忘，可能就不会有后来的是是非非了。可息侯不是个善于隐忍和遗忘的人，他听到这件事后，怒不可遏，一定要报复蔡哀侯，于是想了个借刀杀人的计策，派人对楚文王说："请您假装进攻我国，我向蔡国求援，蔡国一定会出兵的，您便可以趁机攻打蔡国了。"楚文王想这对楚国有利无害，何乐而不为呢。秋季九月，楚国在莘地打败了蔡军，俘虏了蔡哀侯。

息侯的怨气算是出了，可是蔡哀侯却很郁闷：我好心救你，你却存心害我，既然你让我受此大辱，我也不能让你过得太舒服了。蔡哀侯为报莘地被俘的仇，在楚文王面前别有用心地盛赞息妫的美貌："息妫那个小女子您实在该见一见，简直就是下凡的仙子一般，可惜这样一个只应天上有的女子，却为息侯那样的小人物所拥有，实在是个错误，这样的女子来到这个世上，就应当与一个顶天立地的英雄相配，文王您就是这样的英雄啊。"楚文王被蔡哀侯说得既心花怒放，又心痒难耐。

心动不如行动。楚文王来到息国，假装设宴招待息侯，乘机攻息国，息妫被带回楚国。息妫的第一次婚姻就此结束。在去楚国的路上，息妫静静地流着泪，为息侯、为自己。是谁的错呢？是息侯的一时冲动？是蔡侯的恶意报复？是楚王的贪心不足？还是因为自己红颜胜人，就该薄命如斯？没人回答她无声的追问，也没人顾念她的哀伤，大家忙着议论纷纷，就是这个息妫，红颜祸水的女人，害得两个诸侯为她受辱，害得一个国家因她而亡……

楚文王心满意足地将息妫带回楚国，这个息妫果真是美丽不可方物，虽然对被强夺来很不满意，但并没有哭哭啼啼地闹个不停，反而显得格外安静，从不多说话，总是那样淡淡地笑着对待周围的人。这样的息妫让楚文王更加动心，也更加宠爱。息妫对楚文王彬彬有礼，有礼到看不出她心底的怨和恨。楚文王起初还不以为意，但慢慢地发现这分有礼中透着一分生疏、一分抗拒。楚文王心里暗暗地焦急，对息妫更加关怀备至、温柔体贴，希望慢慢融化息妫心中的寒冰。息妫望着他的眼神渐渐温暖起来，只是依然从不主动说话。

终于，楚文王忍不住向息妫问起因由，其实他一直都想问，只是怕从息妫嘴里听到“恨你”二字：“息妫，你为什么从不主动说话？我们在一起有了两个儿子，我立你为夫人，我怜你敬你。你还不能原谅我吗？”息妫望着楚文王，对眼前这个男人，她不是没恨过，怎么能不恨呢？害她国破家亡，成为千古罪人。只是她不是冰冷的石头，她怎能不知他对她的宠、对她的爱呢？对这个男人已无所谓怨无所谓恨，他如今已是自己的丈夫，是自己的依靠，可是当年的那分痛一直压在心头，挥之不去。息妫泪盈于睫，轻轻地说：“我一个女人，嫁了两个丈夫，既然不能以死守志，又能说什么？”楚文王看着她，半晌无声，是啊，这就是他爱的女子，不仅有着倾国倾城的花容月貌，还有一颗自尊自爱的心。

公元前680年，秋七月，楚军攻入蔡国。当年楚文王由于蔡哀侯的挑拨而灭掉息国，如今为了取悦息妫，楚国再次进攻蔡国。蔡哀侯终为自己当年的轻薄之举、挑拨之恶付出了代价。只是纵使蔡哀侯受到了这样的惩罚，也无法还息妫一个简单平静的人生了。公元前675年，楚文王卒，堵敖继位。公元前672年，次子成王杀死长子堵敖即位。被孤单留下的息妫，独自一人承受着眼见亲子相残而无能为力的痛楚，同时承受的还有美丽所带来的负担。

公元前666年，美丽依旧的息妫让楚国的令尹子元思之欲狂，子元为了诱惑息妫，竟在息妫的宫殿旁造了馆舍，在里边摇着铃铎跳着万舞。息妫知道子元的用意，想到自己这一生竟屡屡被容貌所累，却又无可奈何，不由得悲从中来，哭着说："先君让人跳这个舞蹈，是为了演习战备的。如今令尹不用来对付仇敌却用在我这个未亡人旁边，是不是太不合适了啊？"侍者把息妫的话告诉给子元。子元深觉惭愧地说："女人尚且不忘记袭击仇敌，我反倒忘了！"于是，率军出战去了。这就是息妫美丽之外的智慧，也是她令文王深爱的原因吧。

息妫，一个因美丽而命运多舛的女子，所幸这个美人除了美丽之外还有思想、有智慧，所以能拥有相对的幸福——被爱与被尊重。息妫的命运让人不由得暗自唏嘘，原来超凡脱俗的美丽与至高无上的权力，和幸福并没有必然的联系，而相反的，平凡的人或许离幸福更近一些。

己氏——仿佛来过的爱情

春秋时代，硝烟散去时看得到的多是霸主的辉煌、君子的风采，偶尔惊鸿一瞥地看到美人朦胧的倩影，为那清冷的荒芜点缀些许温暖的亮色，为那尚礼崇霸的庄严增添一丝旖旎。己氏，绮丽色彩中的一抹，醉人的艳丽中透出隐约的浪漫——美丽的己氏仿佛曾与爱情相遇。

己氏拥有的是仿佛来过的爱情，因为这份浪漫徘徊在一个男人时而思慕美人、时而思念故乡的往复中。这个男人名叫公孙敖，是鲁国乱臣庆父之子，庆父自杀身亡后，公孙敖继承了爵位，虽是乱臣之子倒也颇受鲁僖公的重用，身影时常出现在诸侯会盟、国际救援等重要的政治活动中，这样忙碌的身影应该属于一个有才能的人，只是有才干的能臣在春秋时代并不少见，公孙敖让人记得他反倒是因为他的“不务正业”。

公元前620年冬，徐国攻打莒国，莒国人来鲁国请求结盟，公孙敖被派到莒国参加盟会，除了这个主要任务以外，他还有一项附属任务——顺便为襄仲迎娶莒女。公孙敖之所以这样助人为乐是有原因的。公孙敖自己已娶了莒国女子为妻，名叫戴己，生了文伯，而她的妹妹声己生了惠叔。戴己去世以后，不甘寂寞的公孙敖又到莒国行聘。莒国人以声己还在为理由谢绝了。按照当时流行的媵妻制，正妻戴己不在了，应当续媵妻声己为正室。公孙敖既无可奈何，又心有不甘，于是便说要为从父昆弟襄仲行聘，莒国人不好再拒绝，便同意了。美女也是一种重要的“战略物资”，这些美丽的“战略物资”常常出现在政治婚姻中，只是有谁在乎过“战略物资”的悲喜呢。

公孙敖到达鄢陵后，登城见到莒女，见惯美人的公孙敖为莒女的美深深着迷了，自己的妻子也是莒国的美人，也正因为妻子的美，使他又一次来到莒国行聘，而妻子的美如能倾城，眼前莒女的美便能倾国。一时间，公孙敖感慨万千，感慨于世上竟还有这样美的女子；感慨于自己有幸相见，却无缘相守。公孙敖的双手不知何时握成了拳，握得那样紧，仿佛想拼命抓住什么似的。莒女的身影渐渐远去了，公孙敖的拳头松开了，他决定了一件事——自己娶她。像其他美丽的“战略物资”一样听从命运安排的莒女并不知道这一切，她只知道自己将嫁去鲁国，怎会知道那与自己背影深深纠缠的视线，是那样灼热，热烈到烧毁了命运最初的安排。

回到鲁国的公孙敖，完成了会盟之事，也带回了莒国女子，只是这个女子成了他的妻子。正盼得美人归的襄仲却盼来了这样一个出乎意料的结果，震惊之余是深深的愤怒，对男人来讲夺妻之恨是一种极大的羞辱啊。气愤的襄仲向鲁文公控诉公孙敖的不仁不义，并请求攻打穆伯。鲁文公听到这件事后，也觉得公孙敖这种“明修栈道，暗度陈仓”的行为太过分了，心想我派你去参加盟会，你说想顺便帮兄弟个忙，结果你倒好，把人家老婆给抢走了，这种行为不但不把襄仲放在眼里，也没把自己这个堂堂一国之君放在眼里啊！于是义愤填膺地准备点头同意，耳边却忽然听到叔仲惠伯的一声咳嗽，想到他可能有话要说，便顺水推舟地把发言权给转让过去。只听叔仲惠伯说道：“臣听说：‘战争发生在国内叫作乱，发生在国外叫作寇。与外人作战还能够杀伤别人，而内战死的全是自己人。现在臣下作乱而国君不加禁止，如果因此而引起外部敌人的进攻，怎么办？”文公一听觉得很有道理，鹬蚌相争，渔翁得利的事还是不做为妙，于是就阻止了襄仲对公孙敖的进攻。惠伯自告奋勇地充当了调解员，让襄仲舍弃莒女不娶，而公孙敖把莒女送回莒国，兄弟两人就此忘记莒女和好如初。在别无他法的情况下，襄仲和公孙敖只有听从惠伯的劝告，一场因为争夺莒女而引起的纷争就此收场。

这个令兄弟反目的美丽莒女被送回了莒国，没有战争、没有伤亡，只有一个女子莫名的伤心而已。返回莒国的途中，那个偷娶自己的男人，再一次信誓旦旦地说着不离不弃的诺言，莒女不知道自己是不是还应该相信他。上一次的相信让自己成为红颜祸水、让自己无名无分地被送回国，还能再次相信吗？能相信这个离经叛道的男人会来与她再续前缘吗？眼角苦涩的泪水还在诉说伤悲，心却不由自主地期待重逢，为什么呢？为他紧锁的眉头，还是为他眼中的不舍？也许只是因为芳心已动，回头太难。

日子不知离人怨，犹自不紧不慢地走过。公元前619年，纪年表上一个沉默的数字，对于莒女来说，是一年漫长的等待，对于公孙敖来说这是一年反复的折磨。公孙敖一面充当着堪当重任的大臣、知错能改的兄长，一面充当着多情的爱人，焦急地寻找出逃的机会。这个时刻准备着的人终于等来了机会的垂青，这年秋周襄王去世，公孙敖被派往京都吊丧。公孙敖心情复杂，这是他盼望已久的时机，他可以借此机会逃去莒国，与久别的美人鸳梦重温。但这也意味着从此他要付出的代价是将鲁国的功名利禄、娇妻爱子全部抛却，自己自此不再有权势、威望、家世，能给莒国美人的只有一腔爱意、满怀柔情。一时间喜悦中伴着悲苦、毅然决然中藏着忐忑不安，形单影只的公孙敖带着吊丧物品踏上了追寻爱情的路，没去京都而是逃往莒国，去实践自己的承诺、去温暖莒女孤单的梦。

公孙敖出现在莒女面前，仆仆风尘中带着一丝落魄的倦意，而在莒女（现在被称为己氏）的眼中，此时此刻是这个男人最具魅力的瞬间。她对他温柔地笑了，笑得眼中带泪，爱情就这样如期而至了，所有委屈、所有埋怨在这一瞬间化作两行清泪，成为幸福的脚注。

幸福不会总是铺天盖地地将人包围，它若即若离地飘忽在人的身边，总让人心中有几分忐忑，这幸福真实吗？它能持续多久呢？己氏望着公孙敖月下的背影，知道他在思念鲁国了。两人相守至今，已有了两个儿子，两个孩子很乖巧，公孙敖对他们很好，只是有时候注视孩子的目光中有一丝凄凉，为人母的己氏知道他在惦念鲁国的两个儿子了。听说在公孙敖来莒国和自己在一起时，鲁国人就立了他的长子文伯做继承人，继承了他的卿位。鲁国人已把公孙敖扫地出门，这个男人已经是有“家”不能回了。可是为什么自己的心这样不安呢？为什么总会时不时觉得眼前的幸福飘忽不定呢？

己氏的预感是对的，她不知道公孙敖已让文伯代他在朝廷上向大家请求——允许他回到鲁国。思念故土的公孙敖回到鲁国，己氏是不能同来的。被留在莒国的己氏又一次面对不知归期的等待。公孙敖按照与襄仲的约定不参与任何政事，而且自回到鲁国后从没有外出过，就这样过了三年，公孙敖带着家里的全部财物再次到了莒国。在莒国生活了一些时候，公孙敖又让在鲁国的次子惠叔给大家送重礼再次请求回国。惠叔代他请求，得到了允许。公元前613年，公孙敖再次准备回国，九月，他死在了齐国。这个徘徊在故土与爱人之间的男人，最终却客死他乡，未能踏上家国的土地，也没有美人的陪伴。

己氏那飘忽的爱情随着公孙敖的离开而结束了。在那样的时代里，能拥有一个男人这样的钟情，应算是个幸运的女子了，只是这份幸运里有太多的无奈和惶惑，谁能知道陷在这仿佛来过的爱情里的己氏是不是真的无怨无悔呢？

四

人间悲喜众生相

泣秦庭申包胥借兵（据明末刊本《东周列国志》插图）

精于业者显于名

师旷——见识超凡的音乐家

师旷，字子野，春秋时晋国乐师，他是当时声名远播的音乐家，以“师旷之聪”闻名于世。师旷不但是一名技艺超群的音乐家，而且是一位见解独特、博闻广见的有识之士，亦堪称政治家、学者，这样的师旷无疑是与众不同、引人关注的。

在《左传》这样的史书中，自然不会似传说中那样将师旷鼓琴的技艺描写得神乎其神。但仍不难从那些简洁的记载中，显现出师旷出色的音乐才能。公元前555年，楚军进攻郑国。晋国人听到楚国出兵一事，有的说楚国会胜，有的说郑国会胜，一时间议论纷纷看法不一。有人询问师旷对此事的看法，师旷说：“没事的。我多次歌唱北方的曲调，又歌唱南方的曲调。相比之下，南方的曲调不强，象征死亡的声音很多。郑国在北方，楚国在南方，楚国一定不能成功。”没有故作严肃的政治形势分析，也没有故弄玄虚的兵法策略，师旷只是从自己的专业角度出发分析了战争的胜负，简简单单，却也有理有据，令人信服。能将自己所学与时事相结合，一方面说明师旷术业专攻、精于乐理，一方面说明师旷善于融会贯通、分析论辩。在这里我们看到的师旷，只是通过对音乐的理解来体察世事，除了技艺高超、富于见识外，并不觉得有什么神奇，但在齐晋之战时，师旷的表现已有了一些非比寻常的味道。

那也是发生在公元前555年的事，当时晋国会同鲁、宋、卫、郑等盟国一起攻打齐国，齐灵公刚愎自用，不听大臣“与诸侯交战，不如据守险要”的建议，结果在交战中损失惨重。这夜，乌鸦的叫声一阵阵地传来，晋军听到后，窃窃私语地议论说，这乌鸦的叫声意味着不祥吧？师旷却对晋平公说：“乌鸦的声音听起来很快乐，齐军大概已经逃走了。”有人对这些话嗤之以鼻：你师旷不过是个乐师，弹琴听音或许还可以，难道还能听懂乌鸦的话不成？虽然我们无法确定师旷是不是真的能听懂乌鸦的喜怒哀乐，但事实却真如师旷所言，齐军趁着夜色的掩护逃跑了。师旷的技艺在传说中已达到了天人合一的地步，或许正因为史书中就有这样带着神奇色彩的记载吧。

师旷不仅有出色的音乐才能，而且博学多才。公元前543年，晋悼公夫人赐给参加修筑杞国城墙的役夫酒饭。绛县人中有一个人年纪很大了，没有儿子，只好自己去修城，也去参加了酒席。有人怀疑他的年龄，问他岁数。他说：“下臣是小人，不知道记下年龄。只记得下臣生的那一年，是正月初一甲子日，已经过了四百四十五个甲子日了，最末一个甲子日到今天正好是二十天。”老人说完了，在座的人面面相觑，竟没有人能算出这个老人的年龄是多少，但都已经问出口了，现在只好想办法把这个老人的年龄算出来啊。被难住的官吏只好到朝廷里去询问，满朝文武大臣被这个突如其来的问题难住了，正一筹莫展之际，只听师旷说：“老人生于鲁国的叔仲惠伯在承匡会见郤成子的那一年。那一年，狄人进攻鲁国。叔孙庄叔那时在咸地打败了狄人，俘虏了长狄侨如和虺、豹，而且用俘虏的名字来给他儿子命名，到现在七十三年了，这位老人该满七十三岁了。”师旷一口气说完了这么一大段话，满朝大臣既惊讶，又佩服。师旷不仅这么快就算出了老人的年纪，而且还将那一年发生的事件清清楚楚、有条不紊地一一列出，着实令人惊叹不已。

师旷的才能还表现在其卓越的见识上，师旷与晋悼公那段论君与民之间关系的对话，已成为千古不易之论。公元前559年，卫国的国君卫献公被逐出国。一天，师旷随侍在晋悼公旁边，晋悼公说："卫国人赶走他们的国君，不是太过分了吗？"师旷回答说："也许是他们国君实在太过分了呢。好的国君会奖励善良之举而惩罚邪恶之举，抚育人民如同对待儿女，覆盖他们就像上天一样，容纳他们就像大地一样。人民尊奉他们的国君，爱戴他如同爱戴自己的父母，景仰他如同景仰日月，敬重他如同敬重神明，畏惧他如同畏惧雷霆，哪里会去赶走这样被他们尊奉的国君呢？国君，是祭祀神明的主持者，是人民的希望。如果使人民生活困顿，神灵缺乏祭祀，那么国家没人主持，百姓绝望，哪里还用得着这样的国君？不赶走他还能有什么办法？上天生了人民而且为他们设立了国君，让他统治人民，不让人民生活困乏。有了国君而又为他设立辅佐之人，让他们教育保护国君，不让他做事逾越常规。上天爱护人民无微不至，难道会让一个人凌驾在人民之上胡作非为，以放纵他的邪恶而抛弃天地的本性？一定不会这样的。"

师旷这番言辞颇有"以民为本"的思想色彩，国君如果失德，如果不能使人民生活幸福，被赶下台是理所当然的。有这样精辟见解的有识之士，不要说是在乐师当中，即便是在卿大夫、国君当中也是不多见的。这样的见解，不论放在哪个时代，都是尖锐犀利、鞭辟入里的。这种敢于直言犯上、实话实说的勇气和胆色，更是使人心生敬意。

师旷不仅敢于直言劝谏，还善于把握时机见缝插针地进言。公元前534年春天，大家传言晋国魏榆那里有石头会说话。晋平公觉得很稀奇，就问师旷："石头为什么说话？"师旷回答说："石头不能说话，也许是什么凭依着它的东西在说话吧。不然的话，就是百姓听错了。不过臣也听人说过：'做事情不符合时令，激起了百姓的怨恨不满，就会有不能说话的东西说话。'如今宫室高耸装饰华丽，百姓的财力耗尽，人们不能保障自己的生活，怨言四起，石头说话不是也很正常吗？"当时晋平公正劳民伤财地大兴土木修建虒祁宫，师旷对晋君的所作所为颇不认同，认为此举以损害百姓利益为开端，终将以君王遭受灾祸为结束，便借机巧妙地进行劝谏。这就是师旷机智灵活的一面。

看过了师旷或令人惊羡的音乐才能，或令人尊崇的博闻强识，或令人敬佩的为政之道，最为欣赏的还是他身上的那种特立独行、直率坦荡的浩然之气，做人做事淋漓尽致、畅快！

匠庆——工执艺事以劝谏

匠庆，春秋时期鲁国著名的工匠。工匠与王公贵族相比，自然是微不足道的小人物，但这样的小人物何以能堂而皇之地与王侯将相一起出现在《左传》中呢？不要小觑这小小的匠人。在春秋时期，工匠凭借其专业技能"艺事"，享有特殊的政治权力，他们的政治职责主要是劝谏。工匠出现在先秦典籍中，大多为进谏者形象。匠庆就是这样一个"执艺事以谏"的木匠师傅。

公元前569年秋，随着片片秋叶凋零的还有鲁国小君定姒的生命。定姒是鲁成公的妾，鲁襄公的母亲。此时，是她的儿子鲁襄公即位的第四年，而襄公即位时才四岁。一个如此年幼的国君是不可能管理朝政的。鲁国的朝政由正卿季文子掌管。季文子是鲁国的三朝元老，辅佐了鲁宣公、鲁成公、鲁襄公三代君主，大权在握，执政多年。小君定姒的丧礼自然也是由季文子负责。这对于送走了两位君主的季文子来说，实在算不得难事。然而，定姒的丧事却办得很潦草，完全不符合小君丧礼的礼仪，但丧母的国君年纪尚轻，并不懂得这些。谁敢对季文子的决定提出异议呢？就在这一片沉默中，小木匠闪亮登场了。匠庆作为木匠是要为死去的小君定姒做棺木的，看到季文子对死去的小君定姒如此轻慢，他心中深感不安，于是义正词严地对季文子说："您作为正卿，不能按照礼数完成小君的丧礼，这是您没有尽到为人臣子的职责，使国君不能为他的生母好好送终。国君现在是小孩子，但终究会长大的。国君长大后，谁将会受到怨恨？谁将会受到责备？"匠庆的话不多，言辞却锋芒毕露。

作为一个小小的匠人，怎敢这样"教训"执政大臣呢？我们不得不为匠庆的胆识暗暗喝彩。他只是个小小木匠，并非文臣武将，这种匹夫有责的精神从何而来？

过常宝先生在论及先秦工匠的文化形象时说：上古时代，工匠是除巫职之外的又一个重要的专业阶层，他们在某些职事上与巫相同，都以规矩为符号，因此被认为有神秘性特点，有权谏诫君王。春秋战国时期，工匠的"艺事"又被视为"道"的体现。先秦史书中记载的工匠有垂、奚仲、傅说、匠庆等，他们艺事精湛，地位崇高，行谏诫之责。

这就解释了匠庆为何敢这样大胆直谏当朝权臣，因为那是他的职责，也是他的权利。他对季文子的劝谏是难能可贵的"另一种声音"。季文子辅佐过三位国君而没有私人积蓄，家里没有穿丝绸的妾，没有吃粮食的马，没有收藏铜器玉器，一切用具没有重复的。季文子对公室的忠心、对国家的忠诚可见一斑。季文子虽堪称忠于社稷、克勤克俭，但毕竟人无完人，这个常以礼为标准评价诸侯的贤臣，自己仍难免有违礼之时。公元前585年，季文子由于鞌地战役的功勋建造了武宫，此举就是不合于礼的。听命于别人来解救自己的灾难，不能建筑表彰武功的建筑物。除非要靠自己取胜才行，而不是靠别人的功劳。季文子此举实在是不明智。

季文子的违礼不止一次，公元前571年夏季，鲁成公的夫人齐姜去世。季文子把当初穆姜为自己准备的用上好櫝木做的内棺和颂琴拿来安葬齐姜。齐姜是媳妇，穆姜是婆婆，而且还是现任国君鲁襄公的祖母。媳妇是奉养婆婆的人，损害婆婆来成全媳妇，这是很反常的。此举显然也不合于礼。遗憾的是季文子的这些不当之举并无人规劝，这些举动让他的贤臣之名有了瑕疵。

匠庆不仅言辞犀利，而且行动大胆。为了给定姒做棺木，匠庆向季文子请示用什么木料好，季文子让他自己看着办。匠庆就请求用季文子为自己在蒲圃东门外边种植的六棵櫝木来做定姒的棺椁木料，季文子觉得没有必要这样，就说："简单点吧，何必如此费心呢！"匠庆对季文子言谈举止之间流露出的对小君定姒的不敬感到不满，最终还是使用了蒲圃的櫝木。季文子知道匠庆此举是一种无声的抗议，也就没有阻止。匠庆此举算是胆大妄为了，既然劝谏没有用，那就让行动来说明一切吧。这种"执艺事以谏"的风范，比之文臣的以死相谏是毫不逊色的，同样需要胆识和勇气、智慧与能力。无怪乎左氏非但没有批判匠庆之举，反而对季文子颇有微词："志书所说的'多行无礼，必自及也'，恐怕说的就是这个吧！"联系季文子对穆姜、定姒的不敬，左氏此言别有深意。

这就是小人物匠庆，平凡而崇高。就如你我身边身份平常却性情耿直的朋友一般，这种朋友有时平凡得让人几乎将他忽略，有时仅凭一两句言语，便让我们的人生拨云见日。

医缓——病入膏肓难回天

医缓，秦国人，春秋时期的名医。说起名医，我们能想到的可能是李时珍、扁鹊，很难说出“缓”这个名字。他的名字虽然听起来很陌生，但“病入膏肓”这个成语我们却是很熟悉的，它与医缓有着密不可分的关系，这来自于《左传·成公十年》中的一段记载。

公元前581年的一个夜晚，对于别人来说与平常一样的普普通通、一样的夜色沉沉、一样的好梦香甜，对于晋景公来说，却是一个恐怖之夜。因为他梦见了一个厉鬼，这个大恶鬼乱糟糟的长发一直拖到地上，捶胸跳跃，愤怒地冲着晋景公喊道：“你这个无道的昏君，杀了我的子孙，这是不义。我请求为子孙复仇，已经得到上帝的允许了！”一边控诉着，一边不停地往前跳，很快，厉鬼毁掉宫门、寝门走了进来。晋景公吓坏了，逃进内室，可是凶猛的厉鬼又毁掉内室的门。无处可藏的晋景公大叫着醒来。

这个噩梦让晋景公寝食难安，于是召见桑田的巫人问吉凶。桑田巫技艺不凡，所叙述的情况竟和晋景公梦见的情况一样。晋景公又重温了一遍噩梦，不禁听得一身冷汗、面色苍白。晋景公不安地问：“怎么样？”巫人为难地看了景公一眼，只好实话实说：“君王吃不到新收的麦子了！”晋景公一听，面色更加阴沉，木然地向巫人挥挥手，掩面沉思。

晋景公自问：难道真的是因为两年前我杀害赵氏子孙而受到了惩罚吗？其实在晋景公心里，对这件事一直是耿耿于怀的。当年赵庄姬因为不满赵同、赵括把与她通奸的赵婴放逐到齐国，而在晋景公面前诬陷赵同与赵括将要犯上作乱。赵庄姬是晋成公之女、赵朔之妻，身份特殊，栾氏、郤氏也为她作证。晋景公便讨伐赵氏，只有赵武因尚在住在宫中的赵庄姬腹中而幸免于难。赵氏在晋国的地位非比寻常，其中赵衰跟随晋文公流亡多年，是深受倚重的功臣；赵衰之子赵盾则一生侍奉三朝，鞠躬尽瘁。如今自己对赵氏家族痛下杀手，虽然立了赵武为赵氏的继承人，也归还了赵氏的田地，但心里仍难免有些忐忑不安。这件事的阴影一直留在他心里，如今这份日积月累的愧疚竟变成了挥之不去的噩梦，晋景公从此一病不起。

一国之君的健康每况愈下，国内的良医们却束手无策，无奈只好寻求外援。秦国的医缓是当世的良医，而秦晋两国的关系又比较密切，秦桓公接到求援，不敢耽误，立刻派医缓去晋国给晋景公诊病。晋景公听闻医缓正在赶来，一直紧张着的心情有了些许放松。连日来，因受厉鬼噩梦的困扰几乎难以成眠，此刻心情一放松，竟睡着了。

恍惚间，晋景公又做了个梦。这次的梦境比上次的梦境美好得多，上次是猛鬼出笼的恐怖片，这次却是童言童语的儿童片。晋景公看见疾病变成两个小孩，一个小孩害怕地说："医缓要来了。他是个好医生，恐怕会伤害我们，往哪儿逃才好啊？"另一个小孩却镇定自若地说："我们就待在肓的上边、膏的下边，他能拿我们怎么办？"晋景公还想听听两个顽童说什么，却怎么也听不见了，这时，耳边有人说："医缓到了，请您醒醒吧。"晋景公悠悠醒转，果然见面前站着个医生模样的人，正是风尘仆仆赶来的医缓。医缓并不多言，立刻着手为晋景公诊病。过了一会儿，医缓蹙眉说道："请国君见谅，您的病在下已无力回天了。病在肓的上边、膏的下边，灸不能用，针刺不到，药物的力量也达不到了，没法治了。"守在晋景公周围的人一听议论纷纷，有人忍不住说："医缓，你是出了名的神医，怎么能这么轻易地放弃呢？一定还有办法！"医缓叹了口气说："已是病入膏肓了啊！"便沉默无语了。一片喧闹中，另一个安静的人是晋景公。医缓的话和自己梦中两个顽童的话竟一丝不差，看来自己真的是命不久矣，这个医缓的确是个良医。晋景公抬手示意周围人安静，有气无力却很肯定地说："您真是个好医生啊。"对这个放弃为自己治疗的医生，晋景公非但没有责难，反而馈送给他丰厚的礼物，并送他回国。有人偷偷议论：咱们的国君是不是病得头脑不清了？这个医缓什么都没做，国君不但没有惩治他，还送给他金银财宝！他们哪里知道晋景公做的梦与医缓的诊断出奇地一致，哪里知道医缓的无作为正是符合医理的作为。

不久以后发生的悲剧证实了当日桑田巫预言之准确、今日医缓诊断之无误。六月初六这一天，病重的晋景公想吃麦饭，想起桑田巫曾告诉自己吃不到新麦了，感伤之余心有不甘，便让管食物的人献上新麦，交由厨师烹煮。晋景公想：纵使我必死无疑，也要在死前吃上新麦！而且要让桑田巫看着我享用新麦！于是晋景公召桑田巫前来，把煮好的新麦给他看，希望听到桑田巫说其预言不准，可是桑田巫不以为然，坚持说晋景公吃不到新麦。绝望而愤怒的晋景公下令将桑田巫处死。然而，怒气难平的晋景公正准备进食麦饭时，突然感到肚子胀痛，只好放下到嘴边的麦饭，冲向厕所。令人意想不到的事发生了，堂堂一国之君竟跌进了厕坑，他没能死得轰轰烈烈，却死得臭气熏天。最后，一个倒霉的宦官被指派将臭不可闻的晋景公从厕坑里背出来，还命他为景公殉葬。这个宦官早晨做梦梦见自己背着晋景公登天，哪想到会是以这样的方式应验。

晋景公做的那两个奇特的梦，虽然预示着他将不久于人世，但谁能料到会是以陷于厕中的方式告别人间呢？人生是一部波澜不惊的悬疑片，其间有无数的悬念和暗示，但不走到最后谁也不能知道最终的结局。就像晋景公，终究也没能吃到新麦煮出的饭。

重情重义重声名

莒国老妇——纺线编绳报夫仇

莒国，春秋时期的一个诸侯国，不强大、不辉煌，以至于历史典籍中关于莒国的记载语焉不详，也并没有什么成就丰功伟业的人物值得我们铭记，倒是有一两个不知名的女子，透过那只言片语的文字记录，散发出独特的韵味，引人牵念。

莒国老妇就是其中之一，一个没有高贵出身、没有倾城之貌、没有花样年华的女人。在那个纷乱的年代中，这个卑微的老女人有的只是形单影只的孤寂，有的只是绵绵不绝的恨意，有的只是伺机复仇的渴望。关于她，虽然只有一段简约的文字，却让人读到了无尽的哀伤和锲而不舍的决心。惜墨如金的史家能为她书写一二，自然不是因为以上的种种因由，而是因为这个尘埃一样的老妇人影响了一个国君的命运，决定了一场战争的结局。

公元前523年，莒国这个边鄙小国又发生了战争，这在那个无义战的春秋时代算不得是大事。齐国的高发领兵进攻莒国，齐国攻打莒国也不是第一次了，这样的战争莒国百姓也不是第一次经历。莒国的国土经常被齐国、鲁国侵占。实力虚弱的莒国为了自保，只好纳贡于齐，成为齐国的附庸。而莒国从上至下并不甘心任人摆布，总想摆脱齐国的控制，强势的齐国怎么会让煮熟的鸭子飞掉呢？

齐国军队来势汹汹，莒国的士兵抵挡不住，打不过就只能逃了。莒共公要求主权独立时就想好了：我莒国虽小，但也是周天子所封，名正言顺；你齐国虽大，也不能仗势欺人不是？如果齐国行礼义，那自然是最好了。如果齐国已经知道我国的心意还打将过来，那我们就迎战，打得过是上天助我，打不过我就逃到纪鄣去。纪鄣可是块宝地，易守难攻，只要我把粮草备足，城门紧闭，凭你齐国兵强马壮，能奈我何？于是莒共公快马加鞭逃亡到纪鄣。

齐国只想到要逮住莒共公，彻底打败这个自不量力的莒国，便又派孙书进攻纪鄣。这孙书没有高发幸运，高发一出兵就把莒共公打得落荒而逃，而孙书有劲没处使，莒共公躲在城里舒服地待着，任凭你在城外如何叫阵，他是说不出来就不出来。这样僵持了一些时日，正一筹莫展之际，有人来报，在城墙外发现了一条绳子。孙书心不在焉地跟着念叨：“绳子……绳子！”孙书惊喜地喊了起来，正想着怎么才能进城，这绳子就从天而降了！这下看莒共公还怎么躲！

孙书命士兵在夜里拉着绳子登上城。自己则在城下静静地注视着，多上去一个士兵，就多一分胜算啊，希望这根从天而降的绳子能多坚持一会儿，就这样陆续登上城的有六十个人，绳子才功成身退地断掉。一时间，城外城内齐兵的呐喊声混成一片，在寂静的夜里听来格外响亮。还犹自做着美梦的莒共公被厮杀声惊醒了，他慌慌张张地爬起来，听说齐军已攻进城来，既觉得难以相信，又觉得心惊胆战。不过已经有了逃跑经验的莒共公很快又有了新的逃跑方案，他带着随从打开西门一溜烟跑了出去。七月十四日，齐军进入纪鄣。齐军又一次取得了胜利。

胜利的，一片欢庆；逃亡的，莫名其妙。那根决定战局胜负的绳子，已无人问津。断在城墙外的那段绳子，在无声地诉说哀伤的喜悦。那是一个女人等了大半生的结局。就是这个女人悄悄将那根绳子垂下城头的，她是住在这个城里的莒国人，一个没人会多看一眼的老妇。

在那个呐喊声声、战马嘶嘶的年月里，人们关注的是强国、是霸主，谁会在意小国里一个柔弱女子的悲喜。许多年前，这个女人的丈夫被莒国国君杀死了，她就此成了寡妇。已经无从知道她丈夫被害的原因，但不难想象这个女人的悲痛欲绝。没人为她心碎难过，没人在乎那枉死的生命。年复一年，女人老了，带着那时间无法平复的伤痛，她来到纪鄣寄居。她知道自己已经老了，很多事都干不了，但有一件事还是能做的——纺线编绳，这成为老妇余生中最重要的事情。老妇日复一日地忙碌着，将自己对丈夫的怀念纺进线中，将自己复仇的希望编进绳索里。绳索越来越长，足有城墙高度那样长的时候老妇将绳索收藏了起来。她知道现在唯一要做的事是等待，等待一个机会，等待一场战争——在敌军来袭时垂绳接引对方，让莒国战败，为夫报仇。终于，齐莒纪鄣之战的爆发，让她备下多时的绳索派上了用场并决定了战局，老妇为夫报仇的心愿终于得以实现。

高高在上的国君莒共公，怎么也想不到自己会败在一个卑微如尘的老妇手中，而非齐军的金戈铁马之下。谁能想到一个柔弱的女人、衰弱的老妇，会拥有致命的武器，会改变战争的结局？有时真正强大的不是来自外在的装备，而是来自内心的坚强。不要轻易伤害任何人，即便她如尘埃般卑微；不要轻视任何人，即便她是一个青春不再的老妇。

结草老人——结草相报谢恩人

关于人生有诸多的比喻，如歌也好，如戏也好，总是高潮迭起的欢畅淋漓交织着低迷徘徊的彷徨失意。没有绝对的强者，每个人都有需要别人伸出援手的时候；亦没有绝对的弱者，每个人也都可能是别人的贵人，甚至恩人。救人于危难，不一定是慷慨解囊、义薄云天，有时可能只是与人为善、知恩图报。不经意的一念之间就可能关乎他人生死，也可能关乎自己的荣辱成败。施恩与受惠本就是相辅相成的，正如我们常说的“恶有恶报，善有善报”一样。

“结草相报”所讲的就是一个受人之恩、报之以惠的故事。公元前594年，秦桓公率军攻打晋国，驻扎在晋国的辅氏。此时，晋景公正在稷地进行军事演习，强行占领狄人的土地，然后将灭于狄的黎国复国，并立了黎侯后回师。正志得意满的时候，忽然听说秦军入晋，晋景公赶紧下令晋军西进，抗击来犯之敌。秦晋两军遭遇，晋国将领魏颗在辅氏击败秦军，俘获了杜回。

这个结果实在是有些出人意料，晋将魏颗虽也是一员大将，但那杜回可是秦国有名的大力士。此人生得威武雄壮，颇有力拔山兮气盖世的气势，征战不用车、马，率领勇猛之士，冲入对方军中，下砍马足，上劈甲将，神勇无敌，所向披靡。魏颗与之交手后，一度陷入一筹莫展的境地。可最后这样的一员虎将居然能被魏颗所擒，别说别人感到不可思议，就是魏颗自己也觉得难以置信。能战胜杜回实在是个意外，当时双方正打得难解难分，杜回步步紧逼，魏颗正感到难以招架之时，杜回忽然摇摇晃晃、站立不稳，魏颗好生诧异，这个“大块头”是怎么了？好像喝醉了似的。再仔细一看，发现旁边一个老人把地上的草都打成了结，使杜回的步兵行动不便，难以施展，终于把杜回绊倒在地。这对魏颗来说可是天赐良机，他抓住了这时不再来的机会，就势出手，将杜回俘获。主将被擒，秦师军威尽失，魏颗趁势大败秦军，秦晋辅氏之战，便以晋军获胜而结束，魏颗在此役中立下了辉煌战功。

魏颗意外获胜，自然是载誉而归，但欢喜的同时心里仍有疑惑，那个老人家是谁呢？为何会出现在两军厮杀的战场？为何不顾危险地结草绊倒杜回？是憎恨秦军入侵，还是存心帮助自己呢？这天夜里，疲惫的魏颗带着胜利的喜悦和百思不得其解的困惑，沉沉睡去。恍惚间梦见那个白天助他俘获杜回的老人。老人对他说："你不必心存困惑，我今日特意结草绊倒杜回，帮你取胜，是为了报答你的恩情的。"魏颗觉得颇为疑惑：我并不认识这个老人家啊！他与我素昧平生，怎谈得上"恩情"呢？但见老人拱手作揖道："你是不认识我，但你认识我的女儿啊，我是你所嫁女子的父亲。你执行你先人清醒时的命令，为我女儿找到了好的归宿，我以今日所为作为报答。"

一梦醒来，魏颗心中的困惑终于解开了。原来那个老人是先父宠妾的父亲。魏颗之父魏武子有一个爱妾，年轻貌美，温柔可人，但却没有为魏武子生儿子。后来魏武子患病在身，担心自己命不久矣，害怕自己死后爱妾孤孤单单没人照顾，便吩咐魏颗说："等我死去以后，你一定要善待于她，找个合适的人将她嫁出去。"魏颗点头称是。但到病危之时，魏武子又对魏颗说："我舍不得离开她，我死后你一定要让她为我殉葬！"魏武子前后不一的嘱托，将魏颗置于两难的境地，无论他遵循哪个嘱托，都是违背父亲之命啊。等到魏武子死后，魏颗还是按照父亲先前的嘱托，寻觅合适人家将宠妾嫁了出去。有人问起魏颗何以不按先父遗愿将其殉葬，魏颗坦言道："我父一向钟爱此女，若非病重、神志混乱，是不会说出那样的话的。我听从先父清醒时候的话，是对他的尊重，因为那才是他真正的心意。再者，又何必伤害一条无辜的性命呢。"于是，宠妾的性命保住了，也获得了以后生活上的保障。

一念之间，两个截然相反的结果。如果魏颗遵从的是父亲最后的嘱托，那么宠妾的人生将是另一番结局。与人为善的一念，给宠妾的人生带来光明，也给魏颗自己的人生种下了善因。宠妾之父知恩图报，报之以善果——救魏颗于危难之中，并助他立下战功。这个“结草相报”的故事，就是成语“结草衔环”中“结草”的典故。与人为善，不是刻意为之、有所图谋，只是心到意到，自然而然。恰因无心插柳，而得一片绿荫，简简单单，坦坦荡荡。

公孙敖之二子——舍生取义的勇士

“舍生取义”简单的四个字，用心读来却有无限的悲凉，那是用生命演绎的悲剧之美。然而，勇士却能为“义”将宝贵的生命坦然放弃，这种“死而不义非勇”的气魄让人心生敬意。《左传》中这样的勇士并不少见，如信守诺言的荀息、为社稷献身的孔达、恪守礼义的先轸、义勇双全的狼瞫等等，这些大义凛然的勇士名垂史册、令人景仰。《左传》中还有一些同样令人崇敬的勇士，他们不是王侯将相，只是一些连名字都不曾被记载的小人物。他们同样有着强烈的荣誉感和自尊心，视名誉高于生命，如公孙敖之二子就是这样知礼守义的勇士。

公孙敖是春秋时代鲁国的大臣，曾一度活跃于政治舞台。他在代替从父昆弟襄仲行聘于莒国时，爱上了美丽的莒女，便情不自禁自己偷娶了此女，后又为莒女抛家弃国出逃至莒。公孙敖之二子便是公孙敖在莒国所生的二子。公孙敖在出逃后，鲁国人就立他的长子文伯继承了他的卿位，就是说公孙敖已经被鲁国人除名了。若干年后，公孙敖死在返回故国的路上，最终得以归葬于鲁。公孙敖之二子在公孙敖死后，来到鲁国。

公孙敖生前的种种作为，或多或少地带给后代子孙一些不良的影响，长子文伯去世后，次子孟孙难代侄子为卿，不甚参与国政，孟孙氏一度失势。公孙敖在鲁国的有身份、有地位的儿子处境尚且如此，这来自莒国的没有身份、没有地位的二子的处境更是可想而知了。

令人意想不到的是，这身份尴尬的二子却得到鲁国大夫孟献子的喜爱，鲁国举国上下都知道二子深得孟献子欢心。原本就因尴尬的身份引人非议的二子，又一次成为人们瞩目的焦点。一如他们美丽的母亲，莫名其妙地就成为兄弟反目的因由。美人多被视作祸水，曲意承欢的多半是别有用心。人们暗暗揣测二子如此深受孟献子的喜爱，必定是刻意讨好的结果，这二子无权无财，接近孟献子最有可能是谋财害命吧。于是有人好心地去提醒处于危险而不自知的孟献子："您有没有想过公孙敖的这两个外来的儿子为何和您这么接近啊？他们在鲁国什么都没有，天天围绕在您身边，必有所图。最近常常听大家在议论说这二子是想趁您不备时杀死您呢。"孟献子一听吓了一跳，这二子知书达礼、善解人意，自己喜欢这俩人，半是怜惜、半是欣赏，从未深想过这二子的动机，难道他们别有所图？孟献子思前想后还是决定把这话告诉掌握实权的季文子。

季文子派人询问二子，二子听后很震惊，因为两人在鲁国并不受欢迎，有幸得到孟献子的喜爱，因而两人备觉珍惜，只是想让这份温暖持续下去而已，为什么会被想得那样居心叵测？于是两人深受打击，心灰意冷地说："他老人家以爱我们闻名全国，我们却以准备杀死他而闻名，这不是远离了礼吗？远离礼还不如死。"季文子觉得二子所作所为不似有所图谋，两人言谈举止合乎礼数，不像其父公孙敖那样知礼违礼、任性妄为，倒都是知礼守义之人，比之他们为公卿的兄长并不逊色。看来这事多半是街谈巷议，不可相信的。于是，此事就此作罢了。

人们依然有意无意地说起二子的是非，抢别人妻子的父亲和几乎引发战事的母亲生出来的儿子，大约也不是什么良善之辈。世间本无事，是是非非多半来自闲人的臆断、揣测与议论、散播。这些闲来无事的谈资有时竟比利剑还伤人，最深的伤害恰恰来自最无聊的流言。可叹的是这些随便说说的人活得一如既往地逍遥自在，而身处流言漩涡的人却心力憔悴、不堪重负。尤其是像公孙敖之二子这样自尊而骄傲的人，他们将名誉看得比生命还重要，这样的诽谤让他们深觉耻辱，毕竟活着就应该有尊严地活着，如果这样活着还不如以死雪耻。一日，有寇攻门，兄弟二人奋力抵御，一人在句鼆守门，一人在戾丘守门，都战死了。

公孙敖之二子在战斗中以死雪耻，谣言终于平息了。舍生取义的二子，赢得了人们的信任和尊重。这段经历就像是一幕悲壮而荒诞的戏，落幕时感慨而感伤。或许有人暗暗嘲笑二子的“死心眼”，为什么“不能走自己的路，让别人说去吧”呢？为了别人的看法而放弃宝贵的生命，是多么不值得。但世间事谁又能说得清什么是值得、什么是不值得的呢？或许无所谓值得不值得，拥有信仰、坚持信仰，最终实践信仰就一生无憾了吧！敢于用生命践行信仰的人便是舍生取义的勇士。

小人行径惹骂名

易牙——毁誉参半的厨神

雍巫，即易牙，雍人，名巫。雍人，就是专门负责饮食的厨师。据说易牙是我国第一个运用调和之事操作烹饪的庖厨，极擅长调味，极善于做莱。对于他调味的能力，孟子曾给予高度的评价："口之于味，有同嗜也；易牙先得我口之所嗜者也……至于味，天下期于易牙，是天下之口相似也。"（《孟子·告子上》）孔子也曾对易牙那惊人的味道鉴别能力大加赞扬，说即使将淄水、渑水两条河中的水混合起来，易牙也能够分辨出来。（《吕氏春秋·精谕》）两位圣人都对他有如此高的评价，可见易牙确为当时名扬天下的厨师。

既然天下人都知道易牙的神奇厨艺，易牙自己自然更不会埋没自己的才华。在哪里能最好地展现自己高超的技艺呢？那自然莫过于在王宫的厨房啊。什么人的认可能让自己名利双收呢？那自然莫过于得到国君和后妃的称赞啊。易牙果真在齐国大放异彩。齐桓公能征善战、雄霸天下，自是英雄人物一名。但凡是个人，总有个短处，齐桓公这样的霸主也不例外，齐桓公不只喜欢女色，还很爱吃。易牙凭借做得一手好菜得到了齐桓公宠妾卫共姬（即长卫姬）的宠爱，又通过寺人貂把自己烹制的美味珍馐献给齐桓公品尝，由此又受到了齐桓公的喜欢。如果名利双收的易牙就此满足了，那在历史上他可能就只是个令人称颂的名厨，而不必背负乱臣贼子的骂名。人生真正危险的时候，往往并非身处逆境之时，恰恰就是志得意满之时。因为得意之时最易忘形，一旦忘形，就会任由无止境的欲望四处流窜、不断膨胀，终有一天会达到极限而适得其反地走向衰败。易牙便是这样，春风得意马蹄疾，一下踩过了界，跨出了他的厨师行业，迈进了政界。在他并不擅长的政治生活领域里，厨神易牙变成了小人易牙。

齐桓公这个大人物给了易牙这个小人物成为乱臣贼子的机会，说起来还是齐桓公好色惹的祸。他贪恋人间之美色，内宠众多；贪恋饮食之美色，宠信易牙。齐桓公的三位夫人，王姬、徐嬴、蔡姬，都没有儿子。那么谁来继承齐桓公的霸业？这点不必担心，候选人还挺多。因为除了这三位夫人，齐桓公宠爱的姬妾不少，宫内受宠的女人待遇和夫人一样的就有六人：长卫姬，生了武孟；少卫姬，生了惠公；郑姬，生了孝公；葛嬴，生了昭公；密姬，生了懿公；宋华子，生了公子雍。齐桓公真是家大业大、老婆儿子众多。没有儿子烦恼，儿子多了也烦恼，齐桓公不懂这个道理，生了这许多的宝贝儿子，看哪个都好，但继承君位的只能有一个，这立嗣之事就成了国君父亲的“致命伤”。还好齐桓公身边有治世能臣管仲，齐桓公对管仲一向深为信任、言听计从的。管仲深谋远虑，担心齐桓公这些儿子会在桓公死后争位，建议齐桓公把孝公托付给宋襄公，立其为太子。果然，管仲死后，五个公子都谋求自己立为嗣君。因为齐桓公宠爱长卫姬、雍巫，答应立长卫姬之子武孟为继承人。齐桓公未能将立嗣之事处理好，生前又不听管仲的建议，重又亲近易牙、竖刁这些佞臣，终于为自己的人生留下了败笔，也为齐国的未来留下了隐患和危机。

公元前643年十月初七日，一代霸主齐桓公离世。易牙进宫与寺人貂一起依靠内宠杀死执政大夫们，立公子无亏（即武孟）为国君。孝公逃亡到宋国。忙于争位的公子们无暇顾及死去的父亲，时隔两月多，齐桓公才得以入殓。一生辉煌的齐桓公死得如此凄凉，我们不由得不为他晚年的昏庸而感慨。齐桓公宠信易牙也是有原因的，那是因为一盘无比美味的菜，那道菜是易牙用自己小儿子的肉做成的，吃得甚是高兴的齐桓公一边对易牙的厨艺大加赞扬，一边询问此为何肉。当易牙告知那是自己儿子的肉后，齐桓公非但没觉得易牙为人心狠手辣，反而觉得易牙爱自己甚于爱其子，是个堪当重任的忠臣。易牙由此得到了齐桓公的重用。识人不明的齐桓公最终在易牙等乱臣发动的内乱中饿死，为自己的错误付出了惨重的代价。而公子无亏即位三个月后便被国人所杀。

这就是厨神易牙变成小人易牙的故事，后人赞叹他出神入化的厨技之余，更鄙视他为求名利烹子献糜的残忍无耻。君子爱财，取之有道；君子逐名利，以德为根本。

惠墙伊戾——挖坑小人终害己

惠墙伊戾，春秋时期宋国的宦官。一个无德无能的小小宦官却能在史上留名，实在是因为他挖坑害人的本事了得，不但富有创意而且效果显著。这个惠墙伊戾就凭借一个小坑和一个谎言，使贵为储君的太子痤无辜受死。当然这个小人最终也未能逃脱正义的惩罚，害人者终害己。

惠墙伊戾被宋平公任命为太子痤的内师，即太子内宫宦官之长。身在这个职位的惠墙伊戾本该和太子痤十分亲密，可事实上两个人关系并不融洽。不知为什么太子痤就是看不上惠墙伊戾，对他疏远而厌恶，这使惠墙伊戾怀恨在心。

公元前547年秋天，楚国的使者去晋国聘问，途经宋国。太子痤与这个楚国使者是老相识，便请示宋平公要在野外设宴招待楚使，以尽地主之谊。这本是小事一桩，宋平公自然是毫无疑义地同意派太子痤前往。令宋平公没想到的是，伊戾竟来请求准许他跟太子一起去。平公惊讶地问道："太子不是讨厌你吗？"伊戾谦恭地回答说："小人侍奉君子的规矩是，被讨厌不敢远离，被喜欢不敢亲近，恭敬地等候命令，岂敢有丝毫怨恨离异之心呢？太子出外，外面即使有人侍候，身边的人总是不可少的，所以下臣请求前往。"惠墙伊戾说得头头是道，宋平公觉得他说得还挺有道理的，于是便欣然同意。

惠墙伊戾快马加鞭地向郊外赶去，此刻他的脸上已全然没有了刚才的谦恭之色，眼中透着寒气，唇畔挂着笑意，一副大仇将报的模样。伊戾到了郊外，并没有像他所说的那样去照顾太子痤，而是趁着四下无人快速挖了个坑，杀了只准备好的牲口作为牺牲，接着把伪造的盟书放在牲口上。做完这些，惠墙伊戾又仔细地检查了一遍，觉得没有纰漏了以后，快马返回宫中，气喘吁吁地来到宋平公面前，报告说："太子已经和楚国的使者结盟计划着造反了，请您快做好准备吧。"宋平公似信非信地看着一脸担忧神色的伊戾说："太子已经是我的继承人了，还谋求什么呢？"伊戾听出宋平公的口气中流露着怀疑之意，便直截了当地回答说："也许太子想快点即位吧。"宋平公此时已在位近三十年，听惠墙伊戾这样说，宋平公不觉心中一紧，神色不似刚才那样从容了。惠墙伊戾知道自己的话戳中了宋平公的要害，这个栽赃的计划已经成功了一半。

宋平公派人去郊外查看，果如惠墙伊戾所说。宋平公又向夫人弃和左师向戌询问是否知道太子有反意，他们都回答确实听说过。听说宋平公向夫人和左师询问，惠墙伊戾心中暗暗害怕，没想到宋平公会这样谨慎，已经有了罪证还不肯定论，这样问来问去的，自己的报仇大计不就要泡汤了吗？没想到的是这两位要人居然都成了他的“同党”。仔细想想，其实这两个人都是有理由不喜欢太子痤的。太子痤这个人外貌英俊而内心狠毒，左师向戌对他一向又害怕又讨厌。现在既然有机会陷害太子，那自然是不会放过的。至于夫人弃的动机就更好理解了。夫人弃是宋芮司徒的女儿，生下来的时候皮肤通红而且全身长满了毛，这个小怪物把她的爸爸吓坏了，于是芮司徒将她丢弃在大堤下，刚巧被经过此处的共姬的侍妾发现了，就把她捡进宫来，取名为弃。没想到这只“丑小鸭”长大后容貌美丽非常。宋平公有次入后宫向共姬请安，共姬留他吃饭。宋平公就这样意外地遇见了弃，一见之下惊为天人。共姬就把弃送给宋平公做侍妾，宋平公对弃极为宠爱，弃还生了个男孩，名佐。佐不但没有继承母亲的美貌，反而长得很难看，但性情却很温和。这个侍妾出身的夫人为了巩固自己的地位，为了使自己的儿子佐能成为太子，便也利用这个机会落井下石诬陷太子痤。

就这样，太子痤莫名其妙地成了叛逆。既然人证物证俱全，那还犹豫什么？宋平公下令把太子囚禁起来。被囚禁的太子痤说：“只有佐能够使我免于祸难。”于是叫人去请佐来，让他为自己向平公求情，并对左右的人说：“如果佐到中午还不来，我就只好自求一死了。”左师向戌听说了这件事，就去找佐闲聊，故意东拉西扯说个不停拖延时间。心急如焚的太子痤带着对生的渴望翘首以待，然而他的希望随着时间的流逝一点点消失，他哪里知道向戌正在以聊天的方式将他推向死亡。煎熬着的太子痤等到中午，也没有见到佐的身影。就这样，绝望的太子就上吊自杀了。

太子痤死了，佐被立为太子。惠墙伊戾松了一口气，心中暗笑，脸上却是无限悲戚。向戌长叹一声，老谋深算的他看不出悲喜，只是步履格外轻松。夫人弃美丽的面容上闪过浅浅的笑意，对宋平公格外温柔。作为父亲的宋平公望着太子宫的方向怔怔地出神半晌，神情哀伤而无奈。

真相不会永远被谎言所掩盖，宋平公渐渐地察觉到太子痤是无罪的，可是一切都已无法挽回，他所能做的就是杀掉那个挖坑害人的主谋，以解心头之恨。宋平公将惠墙伊戾烹杀了，害人者得到了应有的惩罚，惠墙伊戾虽然是太子痤人生悲剧的始作俑者，但如果没有其他人的配合，他凭一己之力也是难以实现其罪恶的目的的。如果没有夫人弃的私心、没有向戌的阴险、没有宋平公的疑虑，这幕悲剧又怎会上演？

然而有错的又何止这些人，太子痤自己不是也在不经意间把自己推入险境了吗？他的狠毒伤害的不只是惠墙伊戾、向戌，还有他自己。他将仇恨种进惠墙伊戾的心里、将厌恶种进向戌的心里，招致小人以极端的手段向他报复。在防不胜防的政治斗争中，与人为善尚不能完全规避风险，何况似太子痤这样的为人处世方式呢？人生中难免会遇到困扰，当无法回避时必须学会的是体恤他人，毕竟，真诚与善良才是最有力的武器。

图书在版编目（CIP）数据

乱世的青史：闲看《左传》/ 何昆著．— 郑州：海燕出版社，2013.9（2017.2 重印）
（华夏文库）
ISBN 978-7-5350-5521-7

Ⅰ．①乱… Ⅱ．①何… Ⅲ．①中国历史－春秋时代－编年体－通俗读物 ②《左传》－通俗读物 Ⅳ．① K225.04-49

中国版本图书馆 CIP 数据核字（2013）第 150161 号

华夏文库 经典解读系列

乱世的青史

——闲看《左传》

何 昆 著

出版发行：海燕出版社
（郑州市北林路 16 号　450008）
发行热线：0371-65734522
经　　销：全国新华书店
印　　刷：恒美印务（广州）有限公司
开　　本：635 毫米 ×965 毫米　1/16
印　　张：9.5 印张
字　　数：85 千字
版　　次：2013 年 9 月第 1 版
印　　次：2017 年 2 月第 5 次印刷
定　　价：17.00 元